障害受容からの自由

―あなたのあるがままに

田島明子 編著

Community CBR Based Rehabilitation

はじめに
障害受容から障害を生きることの肯定へ

「障害受容」について

本書は『障害受容再考——「障害受容」から「障害との自由」へ』（三輪書店、二〇〇九年）（以下、拙著とする）が発展した内容となっている。

この場合の発展とは、一点目は、拙著は私個人でとぼとぼと考え、書いていたが、本書はいろいろな人たちによって書かれているということである。拙著では、私は作業療法士という専門職者の立場から書いていたが、本書では、障害を持つ当事者、支援者、といろいろな立場から書かれているということもそのなかに含まれる。

二点目は、拙著では、「障害受容」を再考するにしても、ひとりよがりになっていたわけであるが（なにしろ一人で考えているので）、本書は一点目のこともあり、多様な生き様から考え、書かれていることである。その物語はまさに十人十色である。

「障害受容」という言葉だが、私は作業療法士というリハビリテーションを行う人の養成校でこの言葉を習い、養成校を卒後、障害を持つ人の生活や就労を支援する施設に勤めた際、支援者が「障害を持つAさんが障害受容できていない」とごく自然に口にしていた。今からおよそ二〇年前のことである。

私は「障害受容」のそのような使い方に対して違和感を抱いた。それでは支援という名のもとに、Aさんの希望を諦めさせようとしているにすぎないと感じたからだ。そして「障害受容」という専門用語がなぜそのように用いられるかを不思議に思った。そこで拙著を書いたのだった。

そもそも「障害受容」という言葉であるが、リハビリテーションの業界を見ると、一九五〇年代に高瀬安貞氏著の『身体障害の心理』（白亜書房）に「障害の受容」として紹介されたのが最初とされている。その後、リハビリテーションの学術誌において「障害受容」が用いられるようになっているが、一九七〇年代にはその定義はまだ定まっておらず、「障害受容」している状態がリハビリテーションに対する意欲・モチベーションが備わっている状態とほぼ同じ意味内容で用いられていることは特徴的である。

一九八〇年代になると、「段階理論」と「価値転換論」に着目し、それら二つを前面に押した論文が発表された。これが、おそらく誰もが知る障害受容論だと思われる。リハビリテーション医師である上田敏氏によるものであるが「受容の本質」としてWrightの「価値転換論」を紹介している。「段階理論」と「価値転換論」との融合は、『障害受容』

のプロセスとめざす状態を同時に示せるので、一九七〇年代における定義に比べて実践に有用であることから、リハビリテーション業界に大きなインパクトを与えたのかもしれない。

一九九〇年代に入ると、「障害受容」に関わる論文数が格段に増える一方で、これまでの「障害受容」に関する所論に異議申し立てが増えてもきた。具体的には、対象者の受障後の心理過程は必ずしも「段階理論」どおりにはいかない、モデル先にありきの発想はかえって危険であるとか、「リカバリー」という精神障害の分野において発展してきた概念が紹介され、「障害受容」が「いつの間にか、障害を持つ者の義務になってはいないだろうか？　リハがうまく進展しない場合に、当事者が『障害を受容していない』と専門家は責めていないだろうか？」と問い、「疾病や障害を受容する過程は当事者のものであり、専門家や社会が強いるものではないはずである。『立派な障害者』を期待することは新たな社会的不利を形成してしまう」と述べられるなどである。

「障害受容」という言葉であるが、すでに臨界点に達しているのではないかと思われる。拙著においても、この言葉は存在しながらも、セラピストにとって使うには躊躇する言葉として存在していることがわかっており、居場所の見つけづらい言葉になっている。障害のある当事者にとっても、この言葉についての違和感の表明はすでに多数ある。「障害受容」という言葉の使用を躊躇するセラピストも少なからずいるのだ（以上について詳しくは拙著を参照されたい）。

「障害受容」の有用性

しかし、完全に捨てることもしづらい重大な問題をわれわれに突き付けてもいるのだ。「障害」を「受容」する。理想にも思える言葉であるし、現実的な難しさも想起させる。何か方法はあるのかもしれないと思えてくるし、障害のある当事者にとってはできない自分の心持ちを反省すべきなのかとも思えてくる。あるいはそんな自分を肯定的に捉えるなら、そうできない現状の責任は周囲にあるのではないかとも思えてくる。あるいはやはりこの言葉に答えはなく別のところにあるのではないかとも思えてくる。とにかく、人が生きるうえでの方向性までをも決定づける重大な課題を内包する言葉であることは間違いないのだ。だからこの言葉を捨てることができない。かといって、この言葉の指し示す「障害」を「受容」する、という方向性を鵜呑みにすることもできない。そうなると、この言葉から受け取ることは、この言葉について考え、この言葉から考え、自分なりに納得の行く言葉（障害の意味、生きる方途）を探していくことになる。私は、次項で紹介する研究会のメンバーとともに、「障害受容」について考え、「障害受容」から考える作業を続けるうちに、「障害受容」という言葉の有用性はそこにこそあるのではないかと思うようになった。本書はそうした作業の始まりの一歩である。

本書に至るまで──研究会の発足と経緯

本書は、おもには「障害受容について／から考える研究会」というメンバーによる論考を集めたものである。この研究会であるが、二〇一二年八月二一日に、淑徳大学の加賀谷一（元淑徳大学社会福祉学部教員、作業療法士）研究室で第一回目を開催した。その時の参加者は、岩井阿礼（淑徳大学教員、障害当事者）、加賀谷一、堀越喜晴（言語学者、障害当事者）、田島明子（聖隷クリストファー大学教員、作業療法士）であった。

そもそもは私が自身の博士論文の外部審査員を加賀谷一氏に依頼したところから始まる。そこから加賀谷一氏との交流が始まり、障害受容（を再考する）をテーマにした研究会をつくろうと話しが決まった。そして、お互いの知人で、こうしたテーマに関心を持っていそうな人たちに声をかけ、始まったのだった。

その後、本研究会は、二か月に一度程度のペースで実施し、二〇一四年末で、一四回を数える。その後、さらに関心のありそうな人に呼びかけたりした。そして、研究会にいつも参加するメンバーのなかで五名が、今回の執筆に関わることになった。隔月で行われる研究会では、「障害受容」という言葉を出発点としながら、各自関心のあるところでテーマをつくり、出版に向けた論文の検討を重ねてきた。

ちなみに本研究会で検討を重ねてきた加賀谷氏の論考については単著で出版されることになった。『リハビリテーション的障害論―そもそも障害ってなんだ』（シービーアール、二〇一五年）そちらもぜひ併せて読んでいただきたい。

さらに本書では、川口有美子氏、村上靖彦氏、渡邊芳之氏に寄稿をお願いした。川口氏は、ALSを発症した母親との日々を綴った『逝かない身体』（医学書院、二〇〇九年）の著者であるが、立命館大学大学院先端総合学術研究科で私と同期の院生であったことから、時々話しをさせていただいている。その際に、「私の周辺の障害者は「障害受容」じゃなくて「障害恐喝」だよ！」とおっしゃっておられ、なるほどと思い、そのことをさらに詳しく文章化していただけないかと依頼をした。

村上靖彦氏については、『摘便とお花見　看護の語りの現象学』（医学書院、二〇一三年）を拝読し、「障害受容」とリハビリテーション業界で現される現象がまったく異なる言語で表現されていると感じ、非常に興味を持った。不思議なもので表現形が変わることで「障害受容」の解法の糸口が得られるようにも感じられた。そこで村上氏に「障害受容」

をテーマに論考をお願いしたしだいである。

渡邊芳之氏は、twitterで拙著を紹介いただいたことから知ることになったが、障害を持つお子さんがおられることから「障害受容」という言葉に問題関心を持っておられ、ご自身は心理学が専門であるが（だからこそ？）、「障害受容」という障害を持つ人の心理過程には批判的である様子からその考えに興味を持ち、ぜひ論文としてお考えをまとめていただきたいと依頼をした。

また、山谷秀昭氏、芹生明氏に、コラムをお願いした。

山谷氏は、私の元職場の上司である。私の目から見て山谷氏は、児童福祉がご専門で、仕事が大好き、人のために動くことが大好き、また音楽が大好きな人である。退職後も、地域活動やボランティア活動に精力的に取り組み、ネパールまで飛んで行ったりしている。現在は病床にあり、日常生活のさまざまを自分自身で行うことの難しさとともに、生きることの実感が、病の状態になく普通に生活している人と比べ、濃度としてはるかに増しているように感じられた。ワープロで一文字を打つことに疲労や困難を感じる状況ではあったが、ご無理をお願いし、コラムを書いていただいた。

芹生氏は、拙著に感想を寄せていただいたことが知り合うきっかけとなり、今回コラムの執筆をお願いした。芹生氏はもともと対人援助の仕事をしていたが、「よくわからないままに」ご自身の身体に障害が現れた経験を持つ。「障害受容」を基点にそれを求める側、求められる側の双方の視点をあわせ持つなかで、求められる側が本当のところ求めるものについてコラムで書いていただいた。

なお堀越喜晴氏の論考であるが、堀越氏自身が視覚障害を持ち、キリスト教信徒であることから、キリスト教、キリスト教会での障害者観を検討するなかで、「障害」についての再定義を試みている。少し紹介すると、堀越氏は前著の『バリアオーバーコミュニケーション－心に風を通わせよう－』（サンパウロ出版、二〇〇九年）と同様、動的でコミュニカティブ（一三〇頁）な人と人との関係回復（religio）（一三三頁）を描いたキリスト教の文脈における「障害」の定義を導き出している。本書の主テーマとなる「障害受容」から若干内容がずれると感じるかもしれないが、キリスト教における障害観という非常に興味深いテーマを取り扱っている。ぜひ一読を願いたい。

障害の引き受け方は個別的で唯一なもの

二〇〇九年に拙著を出版させていただいたが、その後、いろいろな方から読んだ感想を教えていただいた。最も多かった反応は、同業者の方の共感の声だったように思う。私と同じように「障害受容」という言葉に違和感を持つ人が結構いることを知った。とても心強く感じた。

一方で、障害を持つ当事者の方からは「障害受容」という言葉の呪縛から解き放たれたというような感想も聞かれた。そして、解き放たれた後に、それでは自分はどのように自身の障害と向き合うか、各々の物語がその次には紡がれていくように感じた。

その物語は、この世に生きることの姿の分だけ紡がれるように思える。「障害受容」という言葉を否定的に受け取るにしろ肯定的に受け取るにしろ、この言葉には、人に〈生〉の思想を呼び起こす力があるように思われる。この言葉自体よりも、そのことがこの言葉の存在意義ではないかと思えるほどだ。

おそらく、この言葉を引き受けようとするときに、自らの感情、記憶、身体、イメージなどさまざまな側面から何らかのぶれのようなものが生じるために、結果としてそれこそが自分自身であるという直観的源泉にたどりつけて（しまい）、言葉が織りなされてくるのではないかと思う。それくらいこの言葉は人を饒舌にしていると私は常々感じている。

そして織り成される言葉群は、「障害受容」という定義や理論よりも、はるかに輻輳的で複雑怪奇で、一般化の困難なものとして、立ち現れてくる。本書では、その様子のほんのひとかけらを提示していることになる。

しかし本書を読んでいただき、一人ひとりの経験から立ち上がる「障害受容」から始まる（「障害受容」は一般的に終着点として描かれるが、ここではあくまで出発点）論考は、書き手にとっての真実であり、十分に説得的なものであることもわかるだろう。つまり、「障害受容」にまつわる事柄は「障害受容」として定義づけられ、理論化されるような一義的なものではなく、むしろ個別性や唯一性をはらんだ無限的なものであり、そこにこそすべての人に当てはめることのできる共通性があるのではないかということである。それを形にしたのが本書である。

本書をきっかけにして、「障害受容」という言葉を自分自身に問い、自分が求めるままの言葉が編まれていくことになることを願う。そうなれば、障害を生きるうえでの問題性、障害を持ち生きることの多様性がわかるようになり、今は障害を持たないと分類されている人にとっても、障害を理解し、障害とともに生きるよりよい方途を見いだすことにつながると思うからである。

田島　明子

《目　次》

第一章 ● 当事者の向き合いかた、受け入れかた

ギラン・バレー症候群の障害受容

岩井　阿礼

「障害受容」との出会い

「障害受容」とは何か。これを考えるきっかけになったのは、「ギラン・バレー症候群」という病気の後遺症のリハビリをするために、病院から障害者更生施設に入所した時の、スタッフの方々との会話であった。

ギラン・バレー症候群は、後述のように身体が麻痺して動かなくなる病気であり、重症例では長期間のリハビリを必要とする。筆者は、およそ一一か月のリハビリを病院で行った後、職場復帰直前まであと二か月ほどの時間を使って身体機能の向上をはかるために、障害者更生施設に移ったところだった。

病院にいた時のスタッフの言葉がけは、「この筋肉がもう少し強くなれば立ち上がれるようになるから、筋トレがんばって」、「立ち上がれるようになって良かったね」、「もうちょっとで歩けるようになるよ」といった、機能回復を目指してリハビリに積極的に取り組むことを肯定的に評価し、励ますものが多かった。

ところが、病院から障害者更生施設へ移った途端、それがガラリと変わったのである。「障害があったって、生活を楽しむことはできるよ」、「もう貴方は十分良くなったんだから、(障害があっても)できることのなかに、面白いと思うことを見つけないと」、「障害があるからこそ、見えてくるものもあると思う」。細部まで正確に覚えているわけではないが、暗に機能回復を諦め、身体に残った機能障害を受け容れて、障害と共にある生活を楽しむように促す言葉がけが多くなった。

回復の途上にあった筆者は、強い違和感を覚えた。それと同時に、職種の異なる複数の方々が、よく似た励まし方をするので、奇妙な感じがしたことを覚えている。個人としてのスタッフが、筆者という個人の状況に対して感じるところがあって言葉を発したというよりも、なにか定型的なテンプレートのようなものがあるのではないか。そんな気がしたのである。

「テンプレート」らしきものを見つけたのは、大学に復職して研究・教育を再開して、しばらくたってからのことだった。社会福祉士の受験対策講座で、筆者が専門とする心理学領域の過去問解説や「試験に出る心理学概念」の解説を依頼された。そこで教えることになった知識の一つに「障害受容」という概念があったのである。

「障害受容」とは、単に「身体機能の障害を認識し、機能障害が存在するという事実を受け容れる」ことではない。障害受容概念を日本に導入した上田によれば、「障害の受容とは諦めでも居直りでもなく、障害に対する価値観（感）の転換であり、障害を持つことが自己の全体としての人間的価値を低下させるものではないことの認識と体得を通じて、恥の意識や劣等感を克服し、積極的な生活態度に転ずること」（上田、一九八〇）であるという。つまり、「後遺症が残るんだろうな」と知っていて、「仕方ない」と諦めただけでは十分でなく、「障害があっても人間としての価値が低くなるわけではない」ということを身体的なレベルで実感していて、積極的な態度で人生を送っている状態、それが「障害受容」なのだ。

障害受容概念が、スタッフの言葉の「テンプレート」なのだろうと感じてしまったのは、彼らの言葉のなかに、「障害に対する価値観（感）の転換」や「障害の受容」、「積極的な生活態度に転じること」といった、障害受容の要素の存在を感じたから、というだけではない。「障害受容」を求められることが、筆者の病状にとってはちぐはぐで、目の前にいる筆者ではなく、どこか別のところに言葉の「源」があるのだろうという気がしたのである。

では、どのようにちぐはぐなのか。本稿では、まず、ギラン・バレー症候群の後遺障害を抱えた患者に障害受容概念を当てはめた場合に生ずる問題点を整理したい。その前提として、ギラン・バレー症候群とはどのような病気なのか、主要な症状をほとんどすべて経験してしまった筆者の経験を例に説明してみたいと思う。

発症

身体に変調を感じたのは、二〇〇五年六月のことだった。その日の出勤前、私は指先に微かな痺れを感じたような気がした。気のせいと言えないこともない、何となく指先の感覚が鈍いような、痺れたような感覚。おかしいと思わないでもなかったが、仕事を休むほどではないと思った。

午後に入って、痺れが手のひら全体に広がっているのに気づいた。記録をとるペンがきちんと握れなくなり、字が書けなくなった。立ち上がるとふらつく。足の指に力が入らず、足裏の感覚がなくなっている。さすがにこれはまずいと思い、早退して病院に駆け込んだ。
なかなか診断はつかず、いくつも病院を回った末、「ギラン・バレー症候群」と診断されるまでに、一週間近い時間がたっていた。その間にも病状は悪化し、首から下はまったく動かなくなった。起き上がることはおろか、寝返りをうったり腕を持ち上げることもできない。顔面に麻痺が広がって目が閉じなくなり、口も動きにくくなって会話に支障をきたすようになった。手足の先を中心に全身の感覚が麻痺し、触れられてもそれがわからなくなった。治療を開始してからも、しばらくは身体のあちこちで麻痺が進み、目の焦点を合わせることや、自力で呼吸をすることが難しくなった。呼吸を維持するために、気管を切開して呼吸器をつけることが検討された。

難病情報センターによれば、ギラン・バレー症候群は、急性の運動麻痺をきたす末梢神経障害であり、難治性特定疾患（難病）の一つである。末梢神経の損傷から生じる四肢の筋力低下（手足の力が入らなくなる）をおもな特徴とするが、異常感覚を含めた感覚障害、顔面神経麻痺、眼球運動麻痺や嚥下・構音障害などの脳神経障害を伴うこともある。症状の極期には呼吸筋麻痺や自律神経障害があらわれる場合もあるとされている（難病情報センター：ギラン・バレー症候群〈医療者向け〉http://www.nanbyou.or.jp/entry/237〈一般向け〉http://www.nanbyou.or.jp/entry/76）。

軽症例では症状も手足の麻痺だけで、後遺障害を残さず短期間で病前の状態に回復する人もいる。一般的には「六～一二か月前後で寛解することが多い」とされ、神経系の難病の中では比較的予後の良い病気だという。重症例を含めた全体で死亡は一％程度、独立歩行が困難になるのはおよそ一〇％である（難病情報センター：ギラン・バレー症候群〈医療者向け〉）。

治療とリハビリ

ギラン・バレー症候群の診断が出て、血漿交換や免疫グロブリン大量投与等の治療が開始された。治療が始まってしばらくして症状の悪化は止まった。自力呼吸が回復してきたので、気管切開と呼吸器の装着は回避された。治療を続けながら、関節や筋肉の拘縮を防ぐためのリハビリが開始された。

発症二か月くらいで、視力はなんとか文字を読めるくらいにまで回復し、瞼を閉じることができるようになった。発症後三か月で、三〇分くらいならベッドの上半分を起こして寄りかかり、倒れずに座位を保つことができるようになった。ゼミ生には病室に来てもらって、不十分ながら卒業論文の指導を行った。

発症六か月にあたる二〇〇五年の年末くらいまでには、寝返りをうったり、背もたれなしで座っていることができるようになり、腕が上がるようになった。だが、指はピクピクと動きはするものの、何かを摑めるほどには動かず、翌年一月に記録された握力は〇《ゼロ》キロであった。立ち上がるのもむずかしく、ベッドから車いすへの移乗も介助を必要とした。取得した身体障害者手帳は一級だった。

発症からおよそ八か月で、リハビリセンターのリハビリテーション病院への転院が決まり、そこで三か月間のインテンシブなリハビリをすることになった。そのあいだに、膝下を固定する装具や握力が弱くても使用することができるロフストランド杖二本を使って、立ち上がったり、歩行したりすることができるようになった。歩行といっても、無理なく歩けるのは室内のごくわずかな距離ではあったが、「回復しつつある」という実感はあった。

リハビリ病院での三か月が過ぎようとする頃、リハビリ病院に隣接された障害者更生施設に移ることを提案された。リハビリは継続可能で、さらにプールで重力負荷を減じた歩行訓練ができると聞き、筆者はそれを受け入れた。そして、あと少しで発症から一一か月になろうとする二〇〇六年の五月に、障害者更生施設に移る。

勤務先の大学に復帰したければ、九月半ばまでに復職する必要があったが、まだ課題は山積していた。指は曲がるようになってきていたが、まだ細い物をしっかりと摑んだり、小さな物を指先でつまんだりすることはできず、字を書いたり消しゴムをかけたりすることができなかった。親指をほかの四指と向かい合う位置に動かすことができなかったので、本や皿のような固い物を持つこともできなかった。教壇に立つための段差を上がるトレーニングも必要だった。

ゆっくりと少しずつではあったが、回復してきているという実感はあったし、復職までにできるようにならなければいけないこともあった。そこに投げかけられたのが、冒頭に書いた言葉である。「この人たちは自分を励まそうという善意からそう言っているのだ」ということはわかったが、それでも強い違和感を感じた。

スタッフとのやりとりと、その後の回復

生活支援員や看護師などのスタッフには「ギラン・バレー症候群は数年をかけて回復していく人もある病気であり、自分は回復するためにここにいるのだから、それを邪魔するようなことは言わないで欲しい」と伝え、ほとんどのスタッフはそのとおりにしてくれた。

しかし、なかには「貴方は障害者を『特別な人』だと思っているのではないか」と言う人もいた。「私は障害者を『特別な人』だと、全然思わないいんだよね。障害者って『フッウの人』だよ」と続けるその人の言葉には、暗に筆者が「障害者を差別しているのではないか」「だから障害を受容できないのではないか」という含みがあったように思う。

病気がもたらす機能障害からの回復の途上にあると感じていた筆者が、「できる限りの機能を取り戻したいと願うこと」は、文字どおり「できる限りの機能を取り戻したい」ということであって、誰かほかの障害者を『特別な人』だと思うかどうかということとは別の問題である。それに、そもそも『健常者』向けに構成されたこの世界において、肢体不自由者が何かにつけてアクセスを制限される状況にあることをきれいに忘れて『フッウ』だと認識するのが正しいのかどうかも微妙なところだ。しかし、今でこそその時感じた違和感を言語化することができるが、進行性の神経性難病や事故で足を切断した闘病仲間を横目に「機能回復したい」と願うことの後ろめたさを感じていた当時の筆者は、かなり罪悪感に悩まされたことを覚えている。

今でも腹立たしい気持ちで思い出すのが「専門医」である。リハビリセンター所属のリハビリ科専門医は、入院の時に、歩行は壁をつたって歩く「伝い歩き」ならできるようになるだろうが、手の指については「対立運動（親指の腹とそのほかの指の腹を合わせることで何かを指でつまむ）はできるようにならない」と言い切り、「親指の腹と人差し指の側面で物をつまむ練習をする」ように言った。また、箸や歯ブラシ、筆記具は使えるようにならないので、機能回復のためのリハビリではなく、装具を使いこなすための訓練をするように言った。手に装具を装着し、そこにペンや歯ブラシを取り付けて筆記や歯磨きをする練習をしたり、手や指の筋肉が弱い人のために作られた特殊な箸を使う練習をしたりする、という「リハビリの目標」を設定したのである。

結論から言うと、これらは誤りだった。箸、歯ブラシ、ペンは更生施設にいるあいだに、握れるようになった。字を書くことについては、字の美しさや大きさ、早さなどに難があったけれども、数行のものなら書くことができるようになった。

対立運動については、職場復帰後にリハビリを継続できる病院を探していた時に出会った専門医も、同意見だった。「私は県に数十人しかいない専門医」であるとして自らを権威づけ、「発症から一年以上たっているので、これ以上の回復はむずかしい」、「親指と人差し指の対立運動はできるようにならない」などと言った。さらに、筆者が現在も回復が続いているのだという実感を訴えると「これ以上の回復がむずかしいというのは科学。回復するかも知れないという貴方の思いは、わかるけれども宗教だ」と述べ、筆者が研究者であることに言及して「科学的に考える」ようにと促した。

しかし、これも誤りだった。福祉施設を退所後、別の病院の外来でリハビリを行うあいだに、「親指と人差し指」、「親指と中指」については、両手とも対立運動ができるようになった。

その後もゆっくりと回復を続けている。膝から下を固定していた分厚い樹脂でできた装具は、歩行が安定してきたので、薄く短いものに変わった。足首に動きが出てきたので、足首が使えるようにするために、樹脂がしなるように踵の部分を切り落とした。室内であれば、装具をつけなくても歩けるようになった。二本必要だったロフストランド杖は、夕方程度の明るさがあるところであれば、一本ですむようになった。ラッシュアワーや片道二時間半の通勤は困難なので、現在も車いす併用ではあるが、握力が回復してきたため、発症後九年になる昨年六月、T字型の杖を使い始めた。

もう発症から一〇年近い歳月がたっているのだが、今、回復の途上にあるのが口の周りの筋肉である。昨年あたりから、むず痒いような感覚とともに、動きが戻って来つつある。はじめに唇をぴったり閉じることができるようになり、少し口角が上がるようになっているのに気づいた。長年動かしていなかったので、笑おうとすると額や目蓋まで引っ張られて意図しない表情になるのに困ってはいるが、それも動き始めればこそ、である。

ギラン・バレー症候群と障害受容

ゆっくりと、だらだらと回復を続ける筆者のリハビリ過程を記して、筆者が何を言いたいのかというと、この過程のどこかで「障害受容」をしてしまったら、自分はどうなっていただろうか、ということである。

「障害者を『特別な人』だと思っている」と非難された時、回復の希望は「宗教」であり「科学的」でないと言われた時、「筆記具は使いこなせるようにならない」として手に巻き付けるベルトに筆記具をつけて文字を書く訓練をするよう指示された時、どこかで障害を受容してしまっていたら、自分の身体はどのようになっていただろうか。

人の身体というものはデリケートにできていて、神経が回復したら自然に動くとか、動いていれば自然に筋肉がついてくるというものではない。長いこと動かなかった筋肉は拘縮して動きにくくなっているし、先に回復して強くなりすぎた筋肉が、後に回復しはじめた筋肉の動きを妨げることもある。途中で「障害受容」していたら、筆記具を使えていたかわからないし、期限内に職場に戻ることができたかどうかもわからない。

筆者が「専門医」にペンを持てるようになったことを報告した時、医師は少し驚いて「へえ、ほんとに」と言った。彼女の診断が筆者から何を奪う可能性があったのか、思いをめぐらせているとはまったく思えない軽さだった。

日本神経学会による『ギラン・バレー症候群、フィッシャー症候群診療ガイドライン二〇一三』では一～二年を超える長期の介入が機能予後を改善するとしている。また、二〇一一年にKahnらによって発表された研究は、一九九六年から二〇〇八年のあいだに三次医療機関でギラン・バレー症候群の急性期治療を受けた患者一五七名のうちから、さまざまな理由で除外された人々を除く六九名を二群に分け、強さの異なるリハビリを一二か月行ったところ、リハビリ強度が強いほうがFIMなどの指標において有意に大きな改善を示したという（Kahn, 二〇一一）[1]。回復遅延群ギラン・バレー症候群一〇症例のうち九症例が二～一六年間の間に歩行能力が向上した（山鹿ほか、一九九四）[2]という研究もある。

ギラン・バレー患者のコミュニティ

筆者は「専門医」に宣告されても福祉職スタッフに窘《たしな》められても従わずにリハビリを受け入れてくれる場所を探した「反抗的な患者」だった。障害を受容しないことがあたかも障害者差別であるかのように言われても、研究者としての資質を疑わせる恥ずかしいことであるかのように言われても、リハビリスタッフに自分の希望を伝え、あるいはこっそりと自主トレをした。

なぜそんなことができたのかというと、筆者を支えてくれたギラン・バレー症候群患者のコミュニティがあったからである。実は、回復の可能性があるのに「治らない」と言われ、専門医から障害の受容を迫られて苦しんだ「被害者」は一人ではない。

筆者がまだ急性期病棟にいた頃、二人のギラン・バレー症候群経験者が、友人の紹介でわざわざ筆者を訪ねて来てくれた。彼らは二人ともリハビリ科専門医から、「歩けるようにはならない」「一生車いすを使った生活をせざるを得ない」と言われた経験があった。しかし、二人とも歩けるようになっていて、そのうち一人は、走ることもできるようになっていた。

医師に何を言われても、自分で納得したのでなければ受け容れないほうがいいというアドバイスを、私は彼らからもらった。もし、私が専門医の権威を信じて障害を受容してしまっていたら、ペンを握って文字を書く練習はしなかったかもしれないし、対立運動を促すリハビリをして欲しいとも言わなかったと思う。

障害受容はしないほうが良いのか

　では、ギラン・バレー症候群の重症患者は障害受容をしないほうが良いのかというと、それは一概に言えない。回復を感じられているのか、そうでないのか、回復を強く望むのか、望まないのか。それは身体状況が筆者とまったく同じであったとしても、人によって異なるだろうと思うからだ。病気で失われた機能が、仕事や社会生活にとってどの程度重要なのか、それによって、何が「意味のある回復」だと思えるか、「回復を強く望む」のかどうかが異なってくる。機能が回復していると感じられない、あるいは回復を強く望まない人に「諦めるな」と強制すること、諦めることを「努力不足」のように否定的に意味づけることは、逆にその人を傷つけてしまう。ある程度身体機能が向上したとしても、それは変わらない。

　筆者の場合、失いたくない職業があった。また、子どもがまだ幼稚園に通っており、母親のスキンシップを必要としていた。指が拘縮して曲がったままになっていると、子どもの背中を撫でた時に、爪が当たってしまう。だから、指の拘縮がとれて指が伸びるようになったことがとても「大きな回復」に感じられたし、少しでも回復したいと思った。筆記具が持てなくなることも、拒否した。

発症当時五歳だった子どもは、今年一五歳になり中学校を卒業する。思春期らしく親が手をかけようとするのを嫌がるようになった。もし発症が今だったら、あるいは職業生活から引退した後であったら、手指の機能向上にあそこまでこだわったかどうかわからない。

そんな時、筆者はもう一人同じギラン・バレー症候群の後遺障害のある人と知己を得た。その方は、退院時に「車いすを作らないなら（責任を持てないから）家に帰せない」と言われ、車いすを作ったが、歩きたいという希望が強く、けっきょく、車いすを一度も使わないまま、歩けるようになったという。

もし、自分がもう少し長くリハビリセンターにいて、歩く練習を行っていたら、退所時には今頃もっと歩けるようになっていたかも知れない。事情があって一定距離を歩かなければならなくなり、発症後九年目にして車いすを使う時間を減らしてみると、歩行能力が向上した実感があった。もっと歩行練習をしようと思う、その一方で、仕事が忙しくなると睡眠時間を減らして車いすに頼ってしまう程度の熱心さである。社会生活と機能向上の努力のバランスは「この程度がいい」というのが、ある意味、筆者の「障害受容」なのかもしれない。

おわりに

ギラン・バレー症候群の重症患者が「障害受容」をすべきかどうか、などということは「ケース・バイ・ケース」であるという、ある意味当たり前の結論にたどり着いてしまった。しかしここで、これはギラン・バレー症候群に限ったことだろうかと、考え込んでしまうのである。

スーパーマンを演じたことで有名なクリストファー・リーヴは、乗馬中の事故で脊椎を損傷した。脊椎損傷は、回復の上限を予測しやすく、思考能力も損なわれないので、比較的障害受容概念に馴染みやすいと言われている。しかし、彼は最後までリハビリを続けた。医療・福祉従事者は彼に「障害を受容すべきだ」とアドバイスすべきだっただろうか。

筆者はそうは思わない。予後についての情報は患者に伝えられるべきだけれども、その先の選択は、当人のものであるべきである。

「障害受容」概念を必要としているのは誰だろうか。意外と、医療・福祉従事者のほうではないかと思ったりもするのである。以前できたことができなくなってしまって落胆している人を目の前にしたら、目の前でつらい気持ちでいる人がどうすれば楽な気持ちになれるのか、もし自分であれば「専門知識」が欲しいと思うだろう。それが幸福を一律に導き出す公式のような概念が求められるゆえんなのではないかと思うのだ。時に暴力的なまでに強引に障害受容を迫った人々が、仕事熱心な方々であったことを思い出しながら、そんなことを考えたのである。

引用文献

（1）Khan F, et al: Outcomes of high- and low-intensity rehabilitation programme for persons in chronic phase after Guillain-Barré syndrome: a randomized controlled trial. Journal of Rehabilitation Medicine 43: 638-646, 2011
（2）山鹿眞紀夫：『ギラン・バレー症候群のリハビリテーション―リハ・アプローチ』臨床リハ　三：三九〇－三九五頁、一九九四年

著者プロフィール

岩井阿礼（いわい・あれい）
淑徳大学総合福祉学部実践心理学科准教授

「語る」こと「聴く」ことを通じての「つながり」が回復の鍵かも知れない――「パニック障害」とともに

まさき　ゆみこ

「パニック障害」になった

●前兆

私の身体に前兆が現れたのは、就職して二年目の春のころだった。いつもと同じように千葉駅で総武線各駅停車の一番はじめに整列乗車をする電車に乗る。角の席を確保すると何も考えずに眠りに落ちた。貴重な睡眠時間である。その日は、普段なら乗換駅の手前まで起きないはずなのに途中の駅で目が覚めた。喉が締め付けられるような、奇妙な感覚を覚えたからである。息苦しさというよりは、圧迫感。心臓の鼓動が耳に響く。おかしいと思いながら飴を舐めたり、お茶を口にしていると消えていた。それから時折その感覚は襲ってきたが、頻繁ではなかった。

● 症状の進行

いろいろなストレスに悩むうちに、新聞が読めなくなり、そのうちに眠れなくなっていった。春から夏までの間に、自分でも理解できないうちに、精神的にも肉体的にも変調をきたしていった。祖母の死も家族の癌治療も終わり、私生活のストレスから夏には解放されていたはずなのに、である。そのうちに会社の人間関係に悩むようになり、不眠などの症状はピークを迎えた。ベッドで五分ごとに時計を確認する日々は、いまでも戻りたくないと感じる。頭痛のために通院していた神経内科の診察室で、いきなり泣き出したこともあった。

ある日、突然の大きな発作に襲われた瞬間、私は死ぬのではないかと思った。心臓が脈打ちすぎて痛みすら覚え、呼吸は浅くなり、首元は締め付けられているようである。冷や汗が額と背中に伝う感覚が、やけに鮮明に感じた。顔や身体全体がこわばり、手足は小刻みに震えてしまう。口元が歪んでいるのが、自分でもわかる。片側の口角が上がって、そのまま戻らない。実に不自然な様子であったと思われる。

結果として私は、電車に乗れなくなり、駅に近づけなくなり、線路へ視線を向けることすらできなくなった。テレビの画面の電車や飛行機ですら恐怖の対象になった。今まで生きてきた二五年間、意識せずに行えてきたことができなくなる。その事実は、私に多大なダメージを与えた。さまざまな事情で電車に乗るという行為に躊躇を感じる人もいるだろう。しかし、たいていの人々は、そこに恐怖を感じない。移動するための手段として、無意識に組み込まれているのだろうか。現代の社会生活において、移動手段がないということは致命的である。特に東京を中心とした近郊に住んでいると、会社や学校などが東京にある場合も多い。移動に最低一時間必要となってしまう。そこに誤ったアラートが鳴るようになった人間は、手段を失い、社会生活から逸脱してしまう。

なぜ移動手段を失っただけで社会生活から逸脱するのか。逸脱してしまったと感じてしまったのか。

退職

私は、通勤が困難になり、仕事を退職した。また再就職すればいいと簡単に思えなかった。なぜなら病気が良くなり、求職活動しているという過程がみえなかったのだ。社会とのつながりを失ったと感じ、不安が倍増した。今から思えば、退職せずに休職するという選択もあったのに、頑なまでに迷惑をかけてはいけないという思いが強かった。人数が少ない職場ということもあり、私にお金をかけるより、新しい人を雇用したほうがいいと考えていたのである。いつ良くなるのかわからない状況で、迷惑をかけてはいけない。その思いの一心だけである。

そして、待っていたのは、自宅から一歩も外へ出られない日々。自室で人の気配が感じられずに、パニック発作を起こしたこともある。ただリビングの椅子で膝を抱え、家族が動き回る気配を感じていた。テレビや本、インターネットにすら触れることができない。言葉の意味を理解できなければ、情報など無意味であるということを知った。目の前で文字が素通りしていき、脳は言葉を理解することを拒絶する。外の世界はギザギザした、よくわからない怖いものに溢れていた。自宅の庭ですら、恐怖の一部であった。

「回復」の意味とは

●会に所属して

パニック障害になった私は、回復ということについて、なぜか以前と同じように働いていることだと強固に考えていた。社会のなかで働き、自身の生計を維持する。それができてこそ社会と関わっていられるのだと。働けない私は、無価値であるように思えた。このまま生きていても、先行きは真っ暗でしかないのだろうか。このことは、とても私の頭を悩ませた。

しかし、そうであるのだろうか。働くことと社会とつながること。その意味は、イコールであるのか。子どもや高齢者、専業主婦の方など、働いていなくとも何がしかのコミュニティに属している。無職の二五歳の人間は、社会とのつながりが絶たれたのかといえば、そんなことはなかったのだと今では思う。このキッカケをつくってくれたのが、パニック障害の当事者の会と「障害受容について／から考える研究会」である。

少しだけ心に余裕が生まれた時、私はインターネットなどでパニック障害という病気の情報を収集することから始めた。現在、インターネットで多数の情報にあたることができる。病院のサイトがあり、個人のブログがあり、また海外の論文すら見ることができる。まさしく玉石混淆の情報の波のなかで、医学書に書かれるような情報ではなく、現実が知りたかった。「統計的に国民の何人に一人がパニック障害になります」といったような情報でなく、実際に病気になった人はどのような生活を送っているのか。正直に言えば回復をしているのか、回復できるのか。このまま両親がいなくなった後も引きこもっているのではないだろうか。そんな不安が胸を占拠していた。どうして自分がパニック障害という病気になったのか。どうしてこんな病気にならなければいけなかったのか。疲れ切った心のなかで、その思いはつかず離れず存在し、ひょっこりと顔を出してくる。今でも原因は理解しているのに、納得しているはずなのに、どうしても「なぜ」と問う瞬間がある。

●当事者の会が支えてくれたキッカケ

だからこそ、嵐の真っ只中にいた私が求めたことは、現実における個々の生活であり、どのような一日を送っているのかということであった。そして、インターネットで見つけた「当事者の会」へと入会し、同じ病気を抱えた人たちにアドバイスを求めることになった。外出が困難になるパニック障害の患者にとって、インターネットが発達した現代は、情報を収集し、交換しやすい世の中である。こういった手段がない時代は、孤立して引きこもるしかなかったとも言われた。つながりが回復への重要な鍵なのかもしれない。

繰り返し言われたことは、「あせらない」という言葉。先走り、ストレスを溜め込むのが癖なのだと気づくキッカケとなった。また、当事者の会には、仕事をしている人もいれば、まったく外出ができない人もいた。働くことなどとうてい無理だという人。家族に付き添ってもらって外出している人。職場へと復帰し、薬を飲まなくなった人。しかし、誰もが長くこの病気に悩んでいたことが共通していた。

●まず始めたこと

まず私は外へ出ることから始めた。そして、次に電車に乗れるようになる訓練をした。体調が安定してきたところで正社員としてフルタイムで働けないと考え、定時できっちり終わる仕事を探した。長時間の労働は、ストレスにさらされ、悪化するリスクが高い。規則正しい生活が維持できる点が重要であった。運よく現在の職場を見つけ、すでに三年目の就労となっている。現在の職場は、自宅から一駅、自転車で三〇分程度の距離にある。特に就労場所は、意識していた。自宅から通える、電車や車でなくても通える場所。場所さえ希望にあえば、アルバイトでも契約社員でも期間限定でも良かった。とりあえず慣らしていこう。そういった目的で始まった再挑戦である。

また経済的要因も大きかった。傷病手当金の給付が切れるのも目前であったのである。パニック障害は、過去に不安神経症と呼ばれていたこともあり、障害年金の対象でない疾患である。私は、働かなければ生活していけなかった。自宅に住んでいたので家賃や食費、光熱費などは免除されていたが、保険や年金、他にも携帯電話などの支払いが月々にあった。雇用保険をもらいながら就職先を探さなくてはいけない。そう当然のように考えていた。学生時代に図書館のアルバイトをしていたこともあり、インターネットに掲載されていた図書館の求人に応募することにした。いきなりの週五日、一日七時間勤務である。その求人に応募する当初、私は電車に一駅区間程度しか乗れなかった。

しかし、無謀にも都内に面接をしに行かなければならない求人に応募したのである。これも選考に通らないと考えていたからこその暴挙である。たまたま書類選考が通ってしまい、面接に行くことになった際には、母が同行してくれた。さらに面接が終わるまで、近くの店で待っていてくれたのである。その支援がなければ、私は都内に出ることができなかったし、今の仕事に就くこともできなかった。そして、「なにか」が吹っ切れたのである。現に今の職場で発作を起こしたことも何回かある。たとえば疲れている時、眠れない時、仕事で失敗した時、ネガティブな時、いろいろな要因が重なって私の場合、発作が起こるようである。それでも頻度は減り、頓服をのむ回数も減っている。その事実が今につながっているのだと思う。

研究会での気づき

●言葉の表面を取り繕って

「障害」という言葉が何を意味しているのか。現にパニック障害は、パニック症へと病名が変更されようとしている。言葉の表面を取り繕って、結果として何が変わるのだろうか。患者の日常が変わるわけではない。言葉にした瞬間に、私たちは物事の本質の一部を切り捨てる。枠組みにおさめて、他の人たちに理解してもらえるようなカタチに押し込めるからである。そこには、生々しさがなくなる。その人が生きていくなかで経験してきた事物が、単純化されてしまうように思われる。言葉が持つ抽象性からくる弊害があるのではないだろうか。

●私の経験は私にしか理解できない

私の経験は、私にしか理解できない。パニック障害を患っているが、その人々の代表ではない。この経験は、一つの事例でしかない。同じ病気を患う人たちは、理解し合えるのかといえば、そういうわけでもない。不思議なことに大まかな同じ分類であっても、顕微鏡で覗いてみれば、その違いに気づく。しかし、それは肉眼では気づけないかもしれない違いである。以前の私のなかで病気や障害というものは、大きな分類として存在していた。パニック障害という病気のもとで、多数の患者がいる。多数の患者ということは、それぞれに差異があるはずなのに、なぜか大きな括りで知っている気になっていたのである。そして、同じ病気の人々は、この文章を読んで何がしかの反応もあれば、反対に何も反応がないこともあるはずである。だから、どうしたと。なぜなら私は、一応仕事をして、研究会に参加できるくらい回復しているからである。仕事をしてみようと一歩を踏み出した時、何も言わずに去って行った同じ病気の人がいたことも事実である。

「語ること」「聴くこと」

私は、この「障害受容について／から考える研究会」で経験を「語る」という行為をした。また、ほかの人の経験を「聴き」、メンバーで「対話」をした。初めて経験を語った時は、まだ生々しく、言葉を探して当てはめることすら苦労した。語る言葉を持たないような途方もない感覚。自分自身のことのはずなのに、ただ痛くて病気からの経験を直視することができない。だから、言葉にできないことが多い、という結論になった。

しかし、ほかの人の経験を聴いていくうちに変化をしていった。「聴く」ということは、異なる視点で物事を再確認していくことでもある。私のなかでの「障害」といろいろなものとの確認作業を行い、家族・友人・職場・社会といった「関係」を再認識していく過程であったように思える。それは、今まで当然のように思い込んでいたものを見直す作業でもあった。なぜ苦しい思いをしてまで、必死に働いていかなければいけないのか。ほどほどに働いて、ほどほどに生きていくという選択肢も存在しているはずである。ふと思い出したことは、学生時代の就職活動において「キャリア教育」というものを受けてきたことである。そこで語られるロールモデルに働かないという選択肢は存在しない。女性であれば出産などもあるが、産休をとって働いていくモデルが示されていた。また学校を卒業した後に、正社員として雇用されないことは、どこか居心地が悪いことのように教えられた気がしている。

●研究会活動で得たもの

しかし、そこで働けなくなる可能性は、語られることはない。いざ働けなくなった時、私は途方に暮れてしまった。今でこそ社会とつながるために労働という代価が必須なのだと、刷り込まれていたように感じているが、発症当初は居場所がないと自宅で縮こまっているしかなかった。誰でもなりうる疾患であるのだとすれば、働けなくなったあとのことを示す必要性がある。また学生など発症年齢が若い場合、進学や就職の選択肢が狭められるといった弊害もある。研究会に参加したことで、そういった視点に気づけたことが私のなかでの成果のように感じている。

この研究会の活動のなかで、私の経験は、私自身のなかでも客観化されていき、良い意味で距離を保てるようになっていった。いつのまにか私のなかで過去の経験として蓄積されたのだとも言える。とても穏やかだとも感じられた。発症当時の痛みがガラスのショーケースに入れられて、展示されているような感覚。切り付けられるような痛みは、すでにないのかもしれない。これは、言葉として語ることができる「経験」へと変化したと言えるのかもしれない。

パニック障害を受容しているのかと言えば、そうであるし、そうでもないと答えるだろう。先ほどと矛盾しているのだが、ふとした瞬間に、思いどおりにならない身体と精神に気づかされるのである。しかたないと思いながら、なぜ？　という思いにも襲われる。その繰り返しが、時間を重ねるなかでなくなることはない。現在進行形で、まだ私はパニック障害と共に生きているのである。過去の経験になった発症当時を語る時に、痛みを感じずに語る時もある。しかし、体調が悪い時などに耐え難い痛みを伴う時もあるのだ。きれいにすべてを受け入れるなんてことは、できないようになっているのだなと、自分自身で現在も繰り返し体験しているところである。

著者プロフィール
まさき　ゆみこ
大学図書館勤務
昭和六〇年（一九八五年）生

がんサバイバー、(1)オストメイトの立場から「受容」について考える

渡　喜美代

がん発覚から現在まで

●発覚

平成一四年五月二八日、私は病院の内視鏡室のベッドの上にいた。麻酔をかけられ、遠のく意識の中に飛び込んできたモニター画面に映し出されたもの、それはまさしく「がん」そのものだった。

そのまま緊急入院となり手術日が決まり、それに伴うさまざまな検査が行われ、戸惑う間もなく闘病生活が始まった。

突然突きつけられた「がん」ではあったが、それまでストレスの多い生活を送ってきた

ことや、腹痛・下血といった自覚症状もあったことから、「やっぱり…」という思いが強く、驚き、おののく家族をよそに、私自身は不思議なほど落ち着いていた。

でも、手術についての説明で「もし、がんが切除できなかったら、一時的に人工肛門(2)を造り、放射線と抗がん剤の治療を行います。がんが小さくなったら、もう一度手術を行います」と言われ、ショックを受けた。一緒に説明を受けた姉たちを玄関まで送ったあと、夜の病院を一人ぐるぐるさまよっていた。人工肛門…手術が一度では終わらない…家で待っている子どもたちは、突然の母の入院に心細い想いをしているのでは…とめどなく涙はあふれ…。でも、ふとした瞬間に「そうだ、私が今こだわらなければいけないのは、人工肛門や手術の回数ではなく、この命なんだ」という想いがよぎり、気持ちがとても軽くなった。

●手術、ストーマ(3)造設

それでも、できることなら一回で終わって欲しいと願いながら臨んだ手術。

結果は、骨盤壁や尿管への浸潤がひどく、とても切除できる状態ではなく、一時的に人工肛門を造った。ただ、同時に見つかった「子宮頸がん」は初期だったため「円錐切除術」という簡単な手術ですんだことは幸いだった。

●いよいよ始まったストーマ生活

一二年前、初めてストーマを見た時のことを思い出そうとしたが、その光景は鮮やかに蘇るのに、その時の感情は、どうしても思い出すことができない。ただ淡々と、看護師さんに教えられるがままケアを行った気がする。もしかしたら、無意識に考えることを避けていたのかもしれない。

それでもストーマに対して多少のとまどいはありながらも、手術するまでの腹痛や肛門痛に比べたら、ストーマは思いのほか快適だった。

子どもたちに会えない寂しさはあるものの、「がん」も「ストーマ」も受け止め受け容れ、気持ちのうえでも安定した入院生活を送っていた。いや…送っているつもりだった。しかし、それは昼間のことだけで…。夜中にトイレに起きて、洗面所の大きな鏡に映った自分を見るたびに、不思議な感覚にとらわれた。頬はこけ、はだけた襟元からは点滴の管が覗いている。目線を下に移すと、装具(4)がちらりと見えている。その姿に、「やっぱり、私は病院にいるんだ、これが現実なんだ」と思い知らされ、そのたびに打ちのめされた。眠りについたらすべてが夢になるかもしれないと、夜を待ちわびながら、現実に引き戻される夜がこなければいいと、願う毎日だった。

●子どもたちに

このようなさまざまな矛盾を抱えながらも、放射線化学療法が始まり、最初の週末に、入院して初めての外泊をすることができた。

夕食後、三人の子どもたちに「がん」のこと「ストーマ」のことを話した。主人は、「子どもに話すのは早いんじゃないか」と反対したが、当時、一番下の子は小学校一年生だったが、上は、六年生と中学二年生で、兄弟げんかをするたびに、「死ね」とか「消えろ」という言葉を平気で使っていた。自分たちの言葉が、どれほど醜く悲しいものなのかを、親の病気を通してわかって欲しいという思いもあり、腸の解剖図やストーマについて書かれた本を見せながら、「ママは腸のこの部分（S状結腸）にがんができたので、肛門から便を出すことができなくなり、お腹に人工肛門というものを造ったの。これは、病気を治すため、ママが生きるために必要なものなの」と説明した。理解したかはわからなかったが、母のお腹を神妙な顔で見つめたり、装具を興味深く見ていた。「がん」のことは別にしても、きっと子どもたちにとっては、初めて見るストーマよりも、母がいない事実のほうが大きかったのだと思う。

後で聞いたことだが、息子が「僕のお母さんはお腹におしりを造ったんだよ。だから本当のおしりは飾りなんだよ」と話していたと聞き、なんのこだわりもなく、あるがままを受け止められる子どもの純粋さ、無邪気さに救われる想いがした。

その後治療も順調に進み、九月に「がん」を切除する手術を受けた。術後二日目に主治医から「今度はストーマを閉じる手術だね」と言われたが、ストーマに対してなんの抵抗もない私は、もう手術は嫌だなという気持ちのほうが先で、「このままでいいです」と答えた。

数日後、見舞いに来た六歳の娘が「ママのがん細胞みたよ」と、おそらく術後の説明を大人と一緒に見聞きしたのであろう、切除された腸の絵を書いた物を持ってきてニコニコしているので、思わず吹き出してしまった。「生きたいなあ、生きて三人の子どもたちの未来に寄り添いたいなあ」と改めて思った一瞬だった。

●痛み

術後の経過は良好だったが、一〇日目くらいに、臀部から肛門にかけて強烈な痛みが出て、一日四回の痛み止め（ロキソニン）の内服と、二回の筋肉注射（レペタン）が欠かせなくなった。でも、坐骨神経痛に似た痛みでもあったため、「がんには関係ない」とか、「薬に対して依存症になっているんじゃないの?」と言われたりもした。そうすると、痛くても我慢せざるをえない状況に追い込まれてしまい、痛みのために食欲もなくなり、病気と闘う気力も失ってしまう、本当に悪循環だった。でも、一人の看護師さんに「大きな手術のあとだから痛みはあるよね。以前にも、同じような痛みが出た人がいたよ」と言われ、自分の痛みが決して異常ではなかったと安心した。そして目に見えない痛みを受け止めてくれた看護師さんの優しさに感謝の想いでいっぱいになった。あの時は実際の身体の痛みだけでなく、不安や恐怖で心も痛かったのだと思う。自分だけでは受け止められない「わけのわからなさ」を受け止めてくれる人がいることのありがたさを感じた。

手術から五週間目に退院したが、痛みは相変わらずで、毎日毎日痛みに振り回されていた。見守る家族もまた、本人以上の苦しみがあるとわかりながら、遠方からかけつけてくれた年老いた母に優しい言葉もかけられず、人格さえも失ってしまいそうな痛みに、自らの命を絶つことさえ考えたこともあった。子どもの寝息で我にかえり…残される者の哀しみに想いを馳せられない自分を恥じ、引き止めてくれる家族がいることに感謝する、そんな日々もあった。

それでも、新しい年が明ける頃には痛みも和らぎ、ストーマに関しては、時々皮膚のかぶれなどに悩まされながらも大きなトラブルもなく過ごすことができた。

●ストーマクローズ⑤

そして三月、ストーマクローズの手術を受けた。

当時の日記に「肛門から便がでる。当たり前のことがとても不思議で、とてもうれしくて…、ストーマも快適ではあったけど、やっぱり、本来の姿には代えがたいものがあるんだね」と記されていた。その後に待っている過酷な運命のことなど知る由もなく…。

でも、術後の頻便には悩まされた。ひどい時には数十回もトイレに走る日々。いつ起こるかわからない便意のため、外出時には食事はおろか水分さえも摂らないようにしていた。だからといって、精神的に大変だったかというとそうでもなく、時間の経過とともに落ち着くと言われたので、静かにその時を待っている！　そんな感じだった。

ところが、状態が落ち着く前に、発熱や下血や腹痛といった、まるで病気が発覚する前と同じような症状が出てきた。再発？　転移？…不安ばかりが募るが、検査のデータ上では異常が見られず、なんとなく薬でごまかしながら、術後二年目を迎えた。

●永久に

術後二年目の平成一六年八月、大腸の内視鏡検査を受けた。

肛門にカメラを入れた瞬間、主治医と私はほぼ同時に「あっ…」と声をあげていた。目の前のモニターには血だらけの腸の内部が映し出されている。「こんなにひどいのは初めて見た」と主治医がポツリ…。い、いや…そんなこと正直に言われても…と内心思いながらも、恐る恐る今後のことを聞いてみた。「晩期の放射線性直腸炎で、人工肛門を…、今度は永久的に人工肛門を造ることになる」と。あまりのショックに私はぼろぼろ泣きながら「嫌です」と言った。主治医は、泣きじゃくる私に時間をかけて話をしてくださったが、どうしても同意することはできなかった。決してストーマが嫌なわけではない、でも、手術は嫌だ、子どもたちはどうする？　主人を頼ることはできない、田舎の母はもう八〇歳だ。手術を受け入れられない自分を正当化するかのごとく、いろんな想いが浮かんでは消えていく。

その日はとりあえず薬を処方してもらい、帰宅した。

その後数か月は、内科的療法や自己流の食事療法を行い、わずかながらも回復の兆しも見え、一喜一憂しながら過ごしていた。

●手術を阻むもの

しかし、無常にも状態は悪くなる一方で、外来の度に手術を薦められた。でも、息子は受験を控えているし、家庭内別居状態だった夫に、三人の子どもを託す勇気もない。何よりも入院や手術が嫌で、「今の状態より楽になる」という主治医の言葉には耳もかさず、「すぐに命にかかわらないから」と頑なに外科的治療を拒んできた。主治医は「事情はわかった。でも、いつでも手術ができる体制を整えて待っているから」とおっしゃり、その後は手術の話はされなかった。今思うと、わがままな患者であったが、主治医には、いろんな意味で支えていただいた。

でも、正直なところ手術に踏み切れない理由はほかにもあった。決してストーマが嫌というわけではなかったけれど、以前かぶれたときの皮膚の痛みを思い出したり、手術の説明で「肛門を閉じて臀部を半分くらい切除することになるから、臀部の形が変わり普通に座れなくなる。いずれ、目立たなくはなるけれど」と言われ、変わってしまう自分の容姿をどう想像すればいいのかわからず、ぎりぎりまであがいてしまった。最初の手術の時に「ストーマよりも命にこだわる」と思ったはずなのに、腸の炎症なのですぐには命にかかわらないとなると、「やっぱりストーマにこだわるのか」と思ったが、それは紛れもない真実だった。

見えるものへの不安、見えないものへの恐怖、それらに対する葛藤はすさまじいものがあった。

● 別離

身体の状態が悪くなるのと並行して、夫との仲も回復の余地がないところまできてしまい、平成一七年の暮れに離婚した。一番の理由は、「がん」が発覚した時に、一緒に泣けなかったことだと思う。夫は夫なりに、家庭を守ろうと一所懸命だった。でも、「がん」はすんなり受け容れた私だけど、不安がないわけではなく、その不安を分かち合って欲しかった。頑張って病気を治さなくてはという方向性は同じだったのに、お互いに歩み寄ることができないまま、心はすれ違っていった。元気な時なら、多少のすれ違いも、それなりに折り合いをつけることができたけど、一日一日を生きるのに精いっぱいだったあの時は心の余裕がなかった。

夫婦生活においても、精神的にも肉体的にも応じられない自分がいて、かといって、何かしらの打開策を模索する気はなく、ただ負い目だけはいつも感じていて、負い目を感じる自分に疲れてしまったり…。

すべてを病気のせいにするわけではないけれど、命の限りを知ったからこそ、泣いても笑っても同じ一生なら、できれば笑って過ごしたいと思った。

●決意「ママ生きてね」

放射線性直腸炎で永久ストーマを宣告されてから一年半。奇跡が起きて欲しいと願っていたが、CT検査で、直腸に穴があき「骨盤内膿瘍」を併発したことがわかった。当然のように出る高熱、それに伴う痛みと体力減退…、「かろうじて生きている」そんな毎日だった。そんななか、離婚、引越しと慌しく環境が変わり、同時に、私自身の気力も体力も限界にきていた。もう手術以外にとる手立てはないことは明らかだった。しかし、愚かな私は、ここまできても手術のきっかけをつかむことができなかった。

そんなある日、いつものように発熱して寝ている私の傍らに来た娘が「ママ、私はもうすぐ一〇歳になるけれど、私が『はたち』になるまで生きてね」とポツリと言った。

その言葉に、自分の傲慢さを思い知らされた。来る日も来る日も具合悪くて寝ている母を、子どもたちはどんな想いで見ていたのか…、生き別れではあるけれど父がいなくなり、そのうえ、母までいなくなるかもしれないという不安を抱え小さな胸を痛めていたのかと思うと、本当に申し訳ない思いでいっぱいだった。

私の留守中、家のことをすべて引き受けてくれていた長女は「家のことは心配いらないから」と言い、「俺の受験なんか待たなくていいから」と言う息子。子どもたちの悲しみに気づきもしないで、元気になれる手段（手術）があるのに頑張ろうとしない私は、命に対しても本当に傲慢だった。

●ダブルストーマ(6)

平成一八年三月、手術が行われた。

息子の受験が終わったのを告げると、主治医は有無を言わさず手術の予約を入れた。私の身体も限界だったけれど、主治医も「待つ」のは限界だったようだ。

麻酔から覚めて、手術の説明を受けた私は愕然とした。「尿管が、ボロボロの状態で、人工膀胱も造ったから…」と言われ、「そうですか、お世話になりました」と冷静に答えてはみたものの、一人になってから、「え？ 人工肛門と人工膀胱？ 何で？ そんなこと聞いてないよ」と、涙がとまらなかった（数年後に当時の説明書を読み返したら、人工膀胱の可能性について説明されたあとがあったが、まったく思いもしないことで記憶には残っていなかったようだ）。

泣いていることに気づいた看護師さんが主治医に連絡なさったらしく、戻ってきた主治医は、「人工膀胱はできれば避けたかったけど、尿管の状態があまりにひどくて残せなかったんだ、本当にごめんね」と、長時間の手術でお疲れであったにもかかわらず、小一時間、手を取りながら傍にいてくださった。

それから一週間は、気持ちは沈み、声を出すことも身体を動かすことも拒否していた。今思うとおかしな話だが、「人工膀胱では、スーパーに買い物も行けない」と、わけのわからないことを考えたりして、とても悲しい気持ちになっていた。

また、変わり果てた自分の姿に、性の喪失感を感じた。

だが、術後の痛みが薄れていくとともに、心もいつの間にか元気になっていた。「起こってしまったのをいつまでも嘆いてもしょうがない」とか、自分を奮い立たせるために何かしたというわけでもなかったが、ごく自然にダブルストーマという現実を受け入れたようだ。というよりは、私にとってはストーマよりも、やはり命が大切であった。三人の子どもたちを残して死ぬわけにはいかなかった。どうしても生きたかった。ただそれだけだったのかもしれない。

ストーマケアに関しては、経験もあったし、一つが二つになっただけなので特に問題もなく、お腹の右側に吸引用の管を入れたままではあったが、一か月半後に退院することができた。

人工肛門と人工膀胱と吸引用の管を抱えての退院、なんとも欲張りな人生だなあと、思わず笑ってしまった。

●終わりはこないのだろうか

退院後の経過は順調だったが、七月からまたもや高熱が出始めた。骨盤内の膿瘍が原因とのことで様子をみていたが、九月、大量の出血があり緊急入院した。「腹部仮性大動脈瘤破裂」だった。閉じたはずの肛門から、まるで水道の栓をひねったかのように血が流れていき、薄れゆく意識のなかで命の終わりを感じ、子どもたちにもう一度会いたいなあと、それればかり思っていた。

発病から五年間は、これでもかこれでもかと押し寄せる波にのまれそうになりながらも、なんとか生きてきた。

●そして今

「がん」発覚から一二年、永久ストーマの手術を受けて八年がたった。

「がん」においては、再発・転移の疑いで現在治療中だが、ストーマについては、福祉制度やストーマ装具の目まぐるしい発展に助けられながら、日常生活を送ることができている。そのことを思うと、手術を拒んでいた一年半はなんだったのかと考えることもある。早めに手術を受けていたら、人工膀胱は避けられなかったにしても、動脈瘤の破裂まては至らなかったかもと思ったりもする。

しかし、どれほど悔やんでも過去には戻れないし、何よりもあの一年半は、私にとっては必要な時間だった。

自分なりに納得して造った人工肛門も、（私にとっては）突然造られた人工膀胱も、今では大事な身体の一部と言える。

受容

●受容することは本当に必要か

生きているといろいろなことがある。たとえそれが予期せぬことであっても理不尽なことであっても、それでも、その場に立ち止まることができない以上は前に進まなければならない。そのためにはどうしたらいいか。私は、自分に降りかかった現実を自分自身で受け止め受け容れるしか生きる術がなかった。「受容」は、私にとっては必要なことだった。

しかし、同時に「受容」という言葉は時として私を苦しめた。遠い昔になるが高校を卒業して上京する際に恩師に贈られた「投げ華は返る」という言葉がある。因果応報と同義語で、自分の行いは良いことも悪いことも自分に返ってくるということで、私自身のモットーのひとつでもある。だから「がん」が発覚した時、自分の生活状況を振り返り病気の原因とも言われていることと照らし合わせると、ストレス、運動不足等々、思い当たることはたくさんあり、「がん」になってもしょうがないと思った。だから弱音を吐いてはいけない、受け止めなければならないと、自分に言い聞かせた。でも、正直なところ負けそうな時はたくさんあった。そんな時に瀬戸内寂聴さんの『たとえ自分のせいであっても悲しい時には悲しいと、つらい時にはつらいと言ってもいいのです』という言葉に出会い「そうか、悲しいと思っていいんだ、つらいと泣いてもいいんだ」と思うことができ、気持ちが楽になった。自分を許すことの大切さを実感すると同時に、自分を許すことの難しさを感じた。

●障害受容とは

オストメイトは身体障害者福祉法による障害等級に該当する場合、身体障害者手帳（種別＝直腸または膀胱等の切除による排泄機能障害）を取得することができ、手帳の交付を受けるとストーマ装具購入の際の補助や税金の免除などさまざまな福祉サービスが受けられる。

ストーマは、括約筋がないため、排泄をコントロールすることができないのでストーマ装具を用いて排泄の管理を行う。ストーマ装具はオストメイトにとって生活必需品である。「ストーマ装具がないと生きていけない」と言っても過言ではない。

しかし、「障害者」という言葉を受け容れられないがために障害者手帳の申請を迷う人もいるということを聞いた。だいぶ前の話だが「私は障害者をつくった覚えはない」と主治医が手帳の申請書を書いてくれなかったという事例もあるらしい。「障害者」という言葉の前に立ちはだかる社会のバリアや当事者自身のバリアが見え隠れする現実がそこにある。

自分が「障害者」という立場になってから、「障害って、一体誰が決めるの？」という想いがつきまとう。

ほんの少し生活のしづらさを感じているだけで、誰かと違うというだけで、自分を障害者と位置づけされなければならない。たとえば先天性の方は、生まれたままのあるがままの姿が自分自身だから、それはその人にとっては障害ではない。それなのに、ほかの人との違いを知った時点で、さまざまな言葉や考え方で、自分自身を障害を持っているものとして受け容れなければならない。それでなければ生きていけない社会のありようとはなんだろう。

それでも、（たとえば私のように）中途障害の場合は、（疾病や障害を）受け止めなければ生きてこれなかったのも事実である。しかし、それだけでは一歩を踏み出すことはできても、歩み続けることはできない。病気やストーマなど、受け止め受け容れた現実と、向き合わなければならない毎日はあまりに違いすぎる。たとえば、ストーマの場合、排便・排尿のコントロールはできないので不随意にたまる排泄物の廃棄のために、一日に数回トイレに行く。そのたびに、ストーマの存在を思い知らされる。忘れたくても避けられない現実が背後から覆いかぶさってくるようだ。

最近では、あるはずのない尿意が私を苦しめる。幻視感覚[7]という言葉だけでは納得できない苦しみである。正常の排泄機能を失ってしまったことへの未練だろうか。ストーマを造って八年たってもなお、捨てきれない未練である。

このように、受け止めたからといって常に前向きな気持ちでいることはできない。人生に波があるように気持ちにも波がある。ライフステージの各段階でのそれぞれの受け止め方がある。受容できないことも、受容しなくてもいいこともあってもいいのではないか。決して、「(障害)受容」は終点ではない、生きていくうえで単なるプロセス(過程)であり手段である。

●医療者側との壁?温度差?

「受容」することの大切さを医療者側から言われることがある。

「(障害)受容」とは何か。

「受容」に至るプロセスが心理学などを用いていろいろな言葉で語られているが、そのような難しい言葉で考えなければいけないことなのだろうか。そこに当事者不在を感じてしまうのは穿った見方であろうか。また、「受容」が疾病や障害を抱えて生きていくうえでの目標で、あたかも終点のように捉えられている感がしてならない。医療者側も当事者側も、である。

先日、医療者から「ストーマの患者さんって、気持ちに波があるのよね。セルフケアもできるようになって、術後一年かけて受容できたと思ったら『最近、落ち込むんです』って。え〜、いまさらってこっちは思うけど、そういう人が多いのよね」と言われた。まさしく、医療者にとっては〝いまさら〟なことが、当事者にとっての現実なのである。突然の病気の発覚、手術や治療、ストーマ造設、セルフケアの確立など、目まぐるしく過ぎていく日々を経て、少し落ち着きを取り戻したからこそ見えてくるものもある。それは当事者にとっても自分でもわからない〝いまさら〟であり〝戸惑い〟でもあり「受容できたはずなのに…」ともがき苦しむことになる。

オストメイトにとってストーマセルフケアの確立は、とても大切なことである。自分にあった装具が見つかり、セルフケアを確立できることが「受容」することだと指導されることもある。しかし、装具がないと生きていけないオストメイトにとってセルフケアの確立は、生きていく手段であり、決して、ケアの確立＝受容ではない。たとえ、受け止めたとしても受け容れたわけではない。受け容れたとしても、それが一生続くわけではないし、その必要もない。その時々の自分自身の気持ちに正直であればいいのではないかと思う。

●ひとりではない

障害を受容するにしても現実を受容するにしても、ひとつ言えることは「ひとりではできなかった」ということである。家族の支えはもちろんのこと、主治医との信頼関係が築けたことが闘病の大きな支えとなった。私自身は自分の命をあきらめることはなかったが、主治医も決してあきらめず向き合ってくださったことに深く感謝している。

また、患者会を通して、同じ境遇の仲間に巡り合い、痛みを分かち合い、悩みを共有しながら共に歩んでいけることは大きな糧となっている。

正直なところ、もとの自分に戻りたいという想いに駆られることもある。でも、「ストーマは日常生活を阻むものではない。よりよく生きるためにオストメイトになった」と心から言える自分がいることも事実である。

当事者として、そのような自分自身の気持ちと向き合いながら、自分自身としての歩みにつなげていくことが大切だと思う。

そしてできることなら「障害者」や「障害受容」などの言葉が必要のない社会、障害があってもなくても誰もが手を携えて歩んでいける社会になることを願ってやまない。

注

（1）「がんサバイバー」とはがんを克服した人だけを指すのではない。がんと診断された時から人はサバイバーとなり、一生サバイバーであり続ける。

（2）一時的ストーマ：治療の方法によって、永久ストーマと、後からストーマを閉じることのできる一時的ストーマがある。

（3）消化管や尿路を人為的に体外に誘導して造設した開放孔をいい、消化管ストーマ（人工肛門）と尿路ストーマ（人工膀胱）がある。

（4）ストーマは、括約筋がないので排泄をコントロールすることができないために、ストーマ用装具を用いて排泄の管理を行う。

（5）ストーマを閉じること（人工肛門閉鎖）

（6）消化管ストーマと尿路ストーマが併存する状態

（7）通常痛みは、身体の一部に感じる不快な感覚・情動体験である。痛みはいつも場所を支持し、一つの空間を構成している。幻肢は、意識の世界で過去になりきらなかった Body image で、脳の働きの産物である。幻影感覚はさまざまで、場所、長さ、大きさの感覚を有し、自由に動かせると感じる場合もあれば、自分の意志とは無関係な不随意運動をしていると感じる場合もある。

参考文献

(1)「幻影感覚、幻肢感覚」。http://www.shiga-med.ac.jp/~koyama/analgesia/pain-phantom.html（二〇一五年一月三一日アクセス）
(2) 高畑　隆：『ピアサポート―体験者でないと分からない―』埼玉県立大学紀要一一、七九―八四頁、二〇〇九年
(3) 松浦信子、山田陽子：『快適！ストーマ生活』医学書院、二〇一二年
(4) 松原康美：『ストーマケアの実践』医歯薬出版、二〇〇七年

著者プロフィール

渡　喜美代（わたり・きみよ）

「障害」を引き受けていく作業のこと

芹生　明

私は「支援者」でも「当事者」でもない。福祉系の学校に学び、卒業後は「対人援助専門職（ソーシャルワーカー）」として勤めた時期もあったが、現在はその職を離れている。『障害』によって、配慮をして欲しいことはあるが、「当事者となる」ための特段の努力はしていない。日々、努力をされている方を思うと「当事者」を名乗ることははばかられる。

私の『障害』のことに少し触れる。中年期に、よくわからないままに片側の視聴覚を失い、反対側の聴覚も大きく低下した。よくつまづき、転び、踏み外すようになった。会話が思うように聞き取れなくなった。一体、自分の身に何が起こったのだろうか。明日を失ったように感じ、当時は本当に大きく混乱した。何でもいい。自分を助けてくれそうなものを見つけようと懸命にあがいた（そして、今も）。

混乱に拍車をかけたものは何か？　まず、私自身、現状を受け容れて前にまっすぐに進んでいかなければならないと頑固に思いこんでいた。さらに、専門家（医師）からは

「普通はこのくらいの期間で…」と目安を示されたこともある。医師なりに考えがあったのだろうと思う。が、私にはまるで余裕がなく、目安の期間が近づいても、やがて超過しても『障害』を受け容れられないことに強く焦った。今日をどうやって食べるか。

自分の意思で選びとったものでない『障害』を引き受けていく作業は過酷だ。今後、私はさらに新たな『障害』を抱えるかも知れない。その時のことを思うと、まっすぐに前向きに進んでゆく努力をしなくても許される状況がいい。支援者には『障害』を抱えることになったクライエントに対して、その方のペースで伴走するように見守っていただきたいと願う。多忙な現場ではそうはゆかないかも知れないけれど。そう言えば、近所の方には、現在もさりげなく安全を見守ってくださる方が多く、そのことにはずいぶんと救われている。

私は『障害』に関心を持ち続けるだろうと思う。かつて、ソーシャルワーカーとして働いていたころには、クライエントに対して、かなり強引に『障害受容』『現実検討』を押し付けていたことをはなはだ申し訳なく思い出す。偶然だろうか、最近そのころのクライエントに再会することが続いた。私が気まずそうに、当時の未熟さや非礼を詫びても、そのことで責める方はこれまでのところいない。厳しく言っていただいたほうが私としては救われるのだけれど、それはあまりに厚かましいか。

第二章 ● 家族の向き合いかた、受け入れかた

〈寄稿〉発達障害児の親と障害受容

渡邉　芳之

障害受容の二つの主体

「障害受容」に関連する文献を概観すると、このテーマは肢体不自由などの身体障害の当事者、特に中途障害者における障害受容をおもなテーマとして発展してきたようにみえる。たとえば私が身を置く心理学の世界で代表的な研究としては田垣正晋氏の一連の研究（たとえば田垣、二〇〇四）が印象的だが、そこでも対象となっているのは脊椎損傷などで下肢機能を失った中途障害者が障害をどのように意味づけているかであった。

しかし、障害受容の問題はそれらとは性質の異なる多くの障害にも当然生じるわけで、さまざまな障害について、さまざまな研究が行われている。心理学や周辺分野におけるそうした研究論文をいくつか読んでいると、ある傾向に気がつく。それは身体障害当事者の障害受容の研究では、対象は「当事者が障害受容する」ことであって、一人ひとりの障害者が自分なりのやり方で障害受容していく人生を了解的に、受容的に捉えていくような研究が多く、研究方法もインタビューや個人史研究など、質的でケース志向なものが多いようにみえる。そして、彼ら／彼女らの障害受容の姿は、その一つひとつが「かけがえのないもの」として捉えられている。

一方、同じように心理学者が関わったものでも、発達障害者、知的障害者、精神障害者を対象にした障害受容研究では、当事者でなく障害者の親や家族の障害受容をテーマにしたものが目立つ。特に発達障害の子ども、知的障害者が対象になったものでは、おもな研究対象が「障害者の親の障害受容」であるものが多い。これは障害そのものの特性や年齢、二次障害などとの関係から、当事者自身が障害受容することが難しかったり、障害の判定やケアなどの決定権を家族が持つことが多かったりすることから、しかたのないことだと言える。

ただそうした研究では、対象が当事者でないだけでなく研究のスタンスや方法にも特徴があって、先に述べた身体障害当事者の障害受容についての研究が「当事者が障害受容することと」を対象にし、了解的、受容的にそれを取り扱っているのに対して、親の障害受容に関する研究ではしばしば「障害受容できない親」が研究対象として選ばれている。そしてそうした親は「障害者のケアの障壁となる存在」として批判的に捉えられ、分析されている。研究手法においても質的な方法で親の障害受容のあり方や過程をていねいに追いかけるようなものより、アンケート調査の量的分析から「障害受容できない親」の特徴をあぶり出すようなものが目立つ。

この「障害受容する当事者」についての捉え方と「障害受容できない親」という捉え方の距離というか乖離のようなものは、自分自身が発達障害を持つ小学生の親である私にとって非常に大きな違和感の原因になったたし、学校や支援者が親の障害受容に対してとるスタンスにも違和感を感じることが多かった。そうした発達障害児の親の障害受容の問題について、いつもの研究者的な自己相対化をあえて抑えて、当事者的な視点から述べてみたい。

「障害受容できない親」

「障害受容できない親をなんとかする」的な研究に現れてくる世界観は、われわれ障害児の親が日々さらされる、見慣れたものでもある。

ある障害特性を持った子どもがいる、その子どもには適切なケアが用意されていて、そのケアを実行できる専門家もいる。ただしそのケアを実行するためには子どもの親（その他の保護者、以下「親」とする）が子どもの障害を「受容」し、子どもが適切なケアを受けることに同意しなければならない。ところが、往々にして障害児の親は障害受容できず、適切なケアを受けることを拒否するために、子どもが適切なケアを受けることができなくなる、このことが問題だ、どうしたら親に「障害受容」させることができるだろうか、というのがその世界観である。

そこでは子どもの障害特性とそれに対する適切なケアは、親の障害受容や同意をまたずにアプリオリに決定されていて、親にはそれを受動的に受け入れるか受け入れないかを判断する権限しか与えられていない。そして、子どもの障害をよく受容しケアを受け入れる親は、子どもへの適切なケアを可能にする「よい親」であるのに対して、障害受容「できず」にケアを受け入れない親は、子どもへの適切なケアを妨害する「悪い親」であるから、教育なり説得なり、あるいは「よりそう」ことなどを通じて障害受容を実現し、「よい親」に変わってもらわなければならない、それによって障害児は適切なケアを受けることができるようになり、親もより幸福になることができる、というのである。

そこでは「障害児」「障害児の親」「支援者」という三者関係のなかで、障害児と支援者との関係や支援者の意図は最初から「よいもの」、「最大限に実現されるべきもの」と位置づけられている一方で、親はその関係を促進する者、あるいは妨害するものとしての役割しか与えられていない。特に、親が「障害受容できない」場合には、障害児と支援者はよいことを実現するチームであるのに対して、親はそれを妨害する悪者、子どものよりよい発達の敵と位置づけられてしまう。後述するように私自身は「障害受容のできた優秀な親」の部類に入ると思うが、発達障害を持つ子を育てていると、そうした「障害受容できない親」や、それに起因するトラブルや対立には繰り返し出会うことになる。

なぜ「障害受容できない」のか

ではどうして発達障害児の親は「障害受容できない」のだろうか。そこには発達障害児の親の障害受容と、「障害受容論」が典型的な基盤としてきた身体障害当事者の障害受容とのあいだのいくつかの違いが関わっていると思う。

特に軽度で知的障害を伴わないような発達障害の場合、障害と「ふつう」の境目はとても不明確である。明らかな肢体不自由があるような場合と違って、そうした子は親子だけで暮らしている範囲では少し変わった子くらいの感じで、親子のコミュニケーションにも大きな問題はない。それが障害として立ち現れてくるのは、幼稚園や小学校に通ってほかの子と比較された時が初めてであり、多くの親はその時に初めてその現実に対峙することになる。

同じような不明確さは障害の「予後」についても言える。発達障害が注目されケアが充実してきたのは比較的最近のことで、その診断や判定、ケアのあり方や効果への考え方もどんどん変化している。特別支援学級への入級やさまざまな療育を勧められても、それがどのような効果を及ぼすのか、ケアを受けるのと受けないのとで子どもの将来がどのくらい変わるのか、ということには支援者も明確に答えることは難しい。一方で、ネットやマスコミには「支援学級には行かなかったが中学生以降は普通になった」「○○法で発達障害を克服した」といった情報があふれているから、ますますわからなくなる。

障害そのものやその将来が不明確であるのに比較して、発達障害の障害受容のために親が感じる負担は非常に大きい。たとえば特別支援学級に入級して、普通級の子とは別に勉強することを選ぶと、中学受験して有名私立中に進むとか、進学高校を経て有名大学に進学するといった進路を選ぶことは難しくなるし、公務員試験を受けてお役人になるといった選択もなくなる。結婚もできないかもしれない、そうなると自分も孫の顔が見られないかもしれない。

これを親の差別意識と指弾することはたやすいかもしれないが、特に地方では入学する高校でおおよそ人生の筋道や階層が決まってしまうような社会で、小学校で障害受容し特別支援学級に入級させるという選択の重みは著しいもので、それが親だけの責任にされるばかりか、そこで躊躇することが「障害受容ができない」と言われ、子どもの幸福を考えない悪い親、愚かな親のように言われることには大きな違和感がある。親が障害受容しなくても必要なケアが受けられる仕組み、すべての責任を親に負わせるのではない仕組みができたらいいのになあ、と思うことは多い。

親の当事者性

親がこのように障害受容を躊躇するのは、障害者としての人生を生きるのは親自身ではなく子どもである、ということにも起因する。障害児の親は「障害児の親」ではあるが「障害の当事者」ではない。もし自分が誤った判断をしたら、子どもはその誤った判断の結果である人生を生きなければならないが、親はそれを埋め合わせてあげたり、その責任をとったりすることはできないのである。

同じ発達障害でも、大学生や成人になってから発達障害と診断された人たちの障害受容は、障害受容論で典型的な中途身体障害者のそれにかなり近いパターンを取ると想像できる。そこでは「その人が選んだ障害受容のあり方」は常に正しいし、他人がとやかく言うものではない。「障害は個性である」という文句も、障害当事者が自分の障害受容のあり方として選択するのであれば、一つのあるべき姿だろう。

しかし親が子どもの障害を受容する時にはそうではない。親には子どもの障害を受容する権限があるのか、親の受容のしかたで正しいのか、親が障害受容することで子どもが本当に幸福になるのか、ということを親はずっと悩み続けるし、家族や親族からも問われ、いつかは障害当事者である子どもからも問われるかもしれない。「障害を受容しない子どもに障害受容を強制し、障害は個性であると説教する親」がいたらわれわれはどう感じるだろうか。もしかしたら自分がそれをやっているのかもしれないという恐怖もあるだろう。

障害受容したら幸せになるのか

私自身は心理学者であり、児童相談所での発達相談の経験などもあったので、三男の発達の遅れには自分でも早い時期に気づいたし、乳幼児健診や就学時健診での専門家の意見も抵抗なく聞いて、妻ともよく話し合って三歳から療育施設に通わせて専門的なケアを受け、小学校も最初から特別支援学級に入学させた。そういう意味では私自身は「障害受容の確立した優秀な親」だったのだろうと思うし、受けてきたケアの効果についても肯定的に受け取っている。

しかしそれでも三男の障害を「受け入れて上手に付き合うべきもの」「一つの個性」だと受け取るというような意味での「障害受容」などまったくできていない。息子が転んで頭を打てば「これで頭のネジが締まり直してよくならないか」と思うし、息子の将来を考えて悲嘆に暮れることもしばしばある。障害を持っているのが自分であれば受容できるかもしれないことでも、それが息子であればただ「かわいそう」だし、どこかに治す方法があるのなら治してやりたいと思う。親はそう考えることしかできないだろう。

五歳上の次男が中学校に行きたがらなくなった時、自分は例によって心理学者としてのスキルを発揮し、これは「不登校」だと判断してすぐに適応指導教室を調べてそこに通わせたのだが、息子は最初のうちそれを「学校を休む条件」と考えて教室に通ったものの、その後しばらくして学校にも教室にもまったく行かなくなってしまった。この失敗は私が息子に「不登校」というラベルをさっさと貼って「障害受容」してしまったことに起因していて、もうすこし時間をかけて理解し、対処していくべきだったと考えている。幸い息子は家で過ごしながら自分でよく考えたすえ、通信制の高校に通うことに決めてくれたが、どんどん障害受容して対策すればよいものじゃない、ということが教訓として残った。

しばらく前に三男が私の大学の大学祭に行きたがるので連れて行ったが、大学に着いてすぐに息子は気に入らないことがあって怒ってしまい、つらい気分で歩いて帰ることになった。機嫌が悪い息子は黙って私より二〇メートルくらい先を歩いて、私は後ろから、息子のこれからを考えながら暗い気分でついて行った。その時、息子が大学祭で買ったダチョウの羽根をひらひらと羽ばたかせて、鳥の姿をまねるのが見えた。「ノゾミ、鳥になれ、鳥になって飛んでいけ、こんな世界から自由になれ」と私はつぶやいたが、鳥になどなるわけもない。家に帰ると私はその羽根を息子が描いた絵の隣に飾ってやった。私が言いたいことは「な〜にが障害受容だよ」「そんなこと簡単にできねえよ」「他人事だと思って簡単に理屈を言うなよ」ということに尽きる。

引用文献

（1）田垣正晋：『中途重度肢体障害者は障害をどのように意味づけるか―脊椎損傷者のライフストーリーより』社会心理学研究、一九（三）：一五九―一七四頁、二〇〇四年

著者プロフィール

渡邊芳之（わたなべ・よしゆき）
心理学者。帯広畜産大学人間科学研究部門（人文社会・体育学分野）教授。
『性格とはなんだったのか―心理学と日常概念』（新曜社、二〇一〇年）
障害を持つ子どもの父親で、「障害受容」のあり方には批判的な立場である。

〈寄稿〉家族による障害受容の一例

村上　靖彦

かつて小児科で自閉症の研究をしていた時に、障害を持つ子どもの親御さんたちにおいて「受容」ということが話題になることがあった。以下でも、家族にとっての受容と支援者からみた受容ということについて、考えていきたい。今の私の研究は看護師の実践を中心としている。そのため障害を持った子どもたちからは離れてしまったのであるが、何人かの看護師がインタビューのなかで障害を持つ家族について触れたため、「受容」というテーマに別の仕方で出会い直すきっかけを、看護の世界は与えてくれている。

たとえば、妹が重い障害を持つ看護師Fさんはかつて小児科に勤めていた時に、同僚が口にする障害児を出産した母親による「障害の受容」について、次のように語っている。

F：「たとえば……一歳ぐらい。まあ、その、生まれてすぐ、まあしばらく、半年ぐらいして、あの、なんていうか、障害がわかることってあるじゃないですか。で、それを、あの、（母親に）伝えるか伝えないかっていうのが結構問題になって。結構みんなでカンファレンスしたりして、こう決めるんですけど、その時になんていうか、理想を言う。こう患者さんっていうか、その子どもさんとお母さんって何人も何人も見ていくんですけど。あの、やっぱりそのなかで、なんていうか、「あの人やったら受け容れられる」とか、「言ってみたけどあの人は受け容れられてない」とかって言うんですよ。

だけど、そんなん、なんか私自身が見てて、そん時に二五歳とかですよね。で、そん時に、「二五年かかって私自身も（妹の障害）を受け容れられてないのに、そんな一か月かそこらで受け容れられるわけがない」と。私のなかではすごい思ってたんですね。で、でも、それを言おうにも、誰もわからないだろうなっていうのも、自分もわかっていて。あの、だけど、やっぱり自分から（小児科）辞めるときに、「あんたは受け容れられてないのね」って（師長から）言われて、なんか、あの、なんて、あ、やっぱりこういう考え方なんかなあって思ってしまうっていうか。なんか、そんなんがあったんです。」（村上靖彦：『摘便とお花見―看護の語りの現象学』（四三―四四頁、医学書院、二〇一三年）。

果たして障害の受容とは「葛藤」や「諦念」が問題になるような心の問題なのであろうか。二〇〇三年から二〇〇八年ごろまで小児科で研究を行っていたころには私も心理的な問題として考えていた。周囲でも、受容という単語そのものは発せられなくとも、「子どもの障害を受け容れることができずに健常な子どもと同じ能力を要求してしまうお母さん」というような文脈は意識されていた気がする。「受容」という言葉は子どもの障害という「現実」に直面できないという「心持ち」を意味していたように思う。

そして障害というスティグマには還元不可能な側面がある。田島は『〈障害が〉人間的価値を低下させるものではないことの認識と体得」と「恥の意識や劣等感の克服」との途絶』と表現している（田島明子：『障害受容再考—「障害受容」から「障害との自由」へ』五五頁、三輪書店、二〇〇九年）。周囲からの差別がなかったとしてもスティグマは残り続けてしまうかもしれない。しかしたとえばFさんの場合は本人ははっきりとは語らないものの、最終的には何らかのかたちで「受容」されているようにみえる。そのプロセスを一例ではあるが考えてみたい。

依存とサポートのネットワーク

先ほど引用した看護師Fさんの語りは、受容の失敗については語っても、成功についてははっきりとは語っていない。しかし語り全体を通してみると、Fさんが看護師として経験を積むなかで、〈知らず知らずのうちにいつのまにか〉「受容」が果たされるように思える。この「いつのまにか」ということは、心理的な受容ではないかたちで意識されることなく成立するプロセスがあることを暗示している。一見すると、個人の成長の物語として語られているから、やはり心理状態の問題に還元されてしまうかのようにみえるが実際にはもう少し違うことも語られている。

語りをもう少しよくみてみよう。Fさんが受容できないと感じていたことは、インタビューからは二つの要素がある。一つは家のなかでFさんが孤独であったということである。

Ｆ：で、〈私の誕生日のケーキを〉「さあ、食べよう、食べよう」っていったら、バタバタってなって。周りが。「あれ、なんやなんや」みたいな。なんかこっちはわからないんですね。小さい私は。ほんで、なんか、ほんじゃなんか妹が痙攣を起こしてたらしくて。でも私は、一切、妹がどんなんだったかもまったく覚えてないっていうか。

あと、なんか、見てないんですね。っていうのは、なんか大人がバーッて囲むんで。（前出『摘便とお花見』二二一頁）

二重の理由が語られている。妹の介護をするために母親がかかりきりになっているがゆえに、母親と妹の両方にアンビバレントな感情をFさんは抱いていたようである。引用した場面では、Fさんの誕生日パーティで妹が痙攣の発作を起こす。Fさんそっちのけで大人たちは妹を病院へと連れていく。

Fさんは家族から疎外されていると感じているが、妹を介護する母親への違和感はもう一つ別のところにもある。看護師として気丈だった母親について、Fさんは「人じゃない」と形容しているが、それはきわめて重度の障害を持つ妹の介護を感情を動かさずに冷静に淡々とこなすところに向けられている。

Fさんが妹さんの障害を「受容」した時には、このような受容の困難を有機的に組み換える。そもそもFさんは、嫌っていた看護職を自ら選ぶ。母親の職業を選択し、しかも感情を動かさない母親のスタイルを身につけることで困難を克服していく。つまりFさんにとって受容とは、心理の問題ではなく行為のスタイルの問題であることになる。具体的には四つのポイントがあるように思える。

一、Fさんは患者の視点に立って「けっこうドライに」世界を眺める（前出『摘便とお花見』六〇頁)。この視点は感情移入することからは遠く離れる。体が麻痺して動かない患者さんの視点に立った時に(「地続き」と彼女は表現する)、世界がどのように見えていて、生活のなかでどのような身体的困難があるのか感じ取ろうとする。このスタイルは妹の視点で世界を眺めていることから派生している(前出『摘便とお花見』六〇頁)と同時に、母親と同じように冷静に実践することでもある。母親がそうしていたのと同じように、障害を持つ人から見た世界へと身を置くことで、Fさんは自分の看護実践の方法へと組み替えていく。

二、Fさんは元気を出してもらおうと、患者を花見に連れていく。看護師とは医療技術ではない何かを実現する人のことである、という定義をFさんは試みる。

F:だからそういう意味では私、ケアって言えるものじゃないものをしてるんかも。なんかケアって言えないものとかがいっぱいあるのかなって思ってて。でも、それは看護だろうって思うものはいっぱいあるんですね。(前出『摘便とお花見』八一頁)

たとえば終末期の患者さんの在宅ケアの場面では、患者さんが尊厳死の書類に署名を行おうと奮闘する様子を何もせずただ見守る。医療行為を行わないだけでなく、何もしないことが大事だとFさんは感じているのである。この時Fさんは、唐突に「うちの母親は〔…〕私にとってはただの人です」という言葉を発する(前出『摘便とお花見』九〇頁)。

実は「人じゃない」ほど冷徹に見えた母親は、医療技術を超えたところで妹のケアを行う「人」なのだという気づきを得るのである。つまりこの語りを通して「ケアの彼方」で看護を実現する母親を発見し、Ｆさんは再度母親に同一化していく。

Ｆさんは、妹の視点に立ち、母親の看護スタイルを自分のものにすることに成功する。もともとはＦさんの疎外の理由だった二人の位置に視点を置くことを通して、妹の障害を受容し看護師としての主体化を果たしていくのである。

三、子どものころのＦさんは、家族が妹のケアに気を取られているために家での疎外を感じていた。しかし妹のお葬式の場面で、妹は「そんなんも全部私のこともわかってて」（前出『摘便とお花見』九八頁）、常に見守っていると考える。おそらく看護師としてすでに疎外が克服されていたからこそ、このような孤独から見守りへの反転が可能になったのであろう。この時、Ｆさんが肯定的に再発見しているのは、妹を支える家族であり、支援するネットワークの一員としての自分である。支援するネットワークが形成され、そのなかに自分を位置づけることが意味を持っているようだ。

四、最後の点は社会からの差別的な意識に関わる。Ｆさんは世間の人が妹に向ける差別あるいは好奇の視線に苦しんでいた。

Ｆ：〔妹は〕アーッとかウォーンとか。そういう声を出すんですけど。とか、で、〔うどん屋さんで）ご飯が来たらおなかがすいてるから、なんかウォーン、ウォーンとかいって、こう手をこうしたりして。で、よだれダラダラってなるじゃないですか。じゃあなんかやっぱり、すごい店内で目立つんですね。ほんで、あの、やっぱり隣の席のちっちゃい女の子とかが、ワーッって見るんですよ。その目がすごいつらかった部分があって。で、自分はすごく好きな妹なんですけど、なんか、あの、そういう変な目で見られるっていう、ものすごいなんていうかな、つらかったんですよね。（前出『摘便とお花見』一〇五―一〇六頁）

しかし訪問看護で患者さんと一緒に外出するようになった時に、「全然、なんか、見られる嫌さみたいなのもなくて。なんか、その人も、全然、なんかうれしそうに外出して」と患者さんがとても喜ぶ姿を眼にすることで、他の人の視線を気にしなくてよいと感じるようになる（前出『摘便とお花見』五一頁）。もともと世間の視線を気にしてはいない患者さんの視点に身を置くことを通して妹の障害の受容を果たしていくのである。

三と四では家族あるいは社会からの孤立と再参入が話題となっている。孤立した人は「受容」を迫られる。障害や病の受容において（本人にしても家族にしても）、受容が失敗において語られやすくなるのは、それがとりわけ支援や依存のネットワークからはずれる時に顕在化するからであろう。あるいはもっと一般化してもよいであろう。障害や病をもたなくても、人間は常に相互に支援と依存のネットワークのなかで持ちつ持たれつの関係でしか生きることはできない。このネットワークからはずれた時には誰でも、この社会からの疎外を個人の「受容」の問題として突きつけられるのかもしれない。

一、二で問われた障害当事者の視点の獲得、三、四で問われた支援のネットワークの形成とそのなかに位置を持つこと、これらは障害当事者の障害受容とは異なる、家族による受容のプロセスの一例を示しているのかもしれない。普遍的なものではなく一例にはすぎないが、いずれにしても行為のスタイルの獲得がここで問われているポイントであるということは強調してもよいであろう。

著者プロフィール
村上靖彦（むらかみ・やすひこ）
大阪大学大学院人間科学研究科教授。パリ第7大学にて基礎精神病理学・精神分析博士号取得。日本大学国際関係学部准教授を経て二〇〇八年より現職。小児科での自閉症研究を経て、看護師へのインタビュー研究を始める。著書に『摘便とお花見』（医学書院、二〇一三年）、『自閉症の現象学』（勁草書房、二〇〇八年）。

「障害」を生きるうえで大切なこと

山谷　秀昭

私は現在、腎臓病（表在化、人工透析）、心筋梗塞、十二指腸がん、服薬後遺症で難聴や視力の低下があり、身体障害者一級で歩行も困難になっている。これらの病気や障害は、障害受容の各レベル（受障期―否認期―混乱期―努力期―受容期）として語られることがある。しかし、複数の病気や障害が積木崩しのように次々に起きてくると障害のレベルも単純ではなく混乱し、それぞれの受容の調整ができなくなる。痛みが伴っている場合はなおさらで、絶えず不安に怯えていなくてはならない。眠ることにも苦しみ、やがて死が近づいていることを知り、安楽死さえ望むことがある。死が痛みや苦しみからの解放を意味するように思えてくる。

私は今、その渦中にある。臨死体験もした。臨死体験は、妄想なのか、現実にあるのか、それがわからない。ただ、自分の魂が宙に浮き、自分の最期の死に方の選択を考えていた。静かに目を閉じて安らかな死を迎え、参列者から幸せな人生だったねと、参列者を安心させるか、それとも、じっと目を見開いて、まだまだ何かを求めて、見つめるような怖いほどのまなざしを残して最期を迎えるのか、私はどちらにしようか、臨死体験のなかで考えていた。臨死体験中、宙をさ迷っていた私に亡き父と母の顔がぼうっと現れ「まだ、来るのは早いよ」と言った。それならば、「よくがんばったね」と言って迎えてくれるまで、もう少しがんばろうと思った。しばらくして目を開けたら、友人や家族が、私のベッドを囲んで、泣きながら私の手足を握り締めたりマッサージしていた。

その後、生かされていることを感じ、一日一日、何か一つでもよかったと思うことで今を生きている。そして今、星野富弘氏の絵画詩集にある「いのちが一番大切だと思っていたころ生きるのが苦しかった。いのちより大切なものがあるのを知った日、生きているのが嬉しかった」という言葉が、私に「いのちより大切なもの」とは何かを考えさせてくれる。

障害受容の本質には自己受容・自己承認があり、希望も諦めも取り込んで生きていくことだと思う。さらに根本には「命より大切な」「愛」があると思った。愛し愛されて、残された機能に感謝しながら生きて行くことが生きることの本質だと思った。だから障害者への支援をする医療・福祉関係者には、そうしたことを実感できるような心のケアをその方の状態に応じて早い段階から進めていただきたい。

第三章 ● 支援者の向き合いかた、受け入れかた

受容から、リカバリーへ——専門職が受容すること?

中西　英一

受容というのは、受け入れてなかに取り込むという意味になる。そうすると、障害受容という言葉は、障害というかつて自分に属していて思うままになっていたもの（と思っていたもの）が、今は自分にとって異物となってしまったものを受け入れてなかに取り込むということになるのではないか?

障害受容や社会受容という言葉は、この異物（と思われているもの）をどちらが受け取るか、つまり誰が引き受けるのか?　という話に聞こえてくる。誰もが他者の責任として落ち着かせたいように感じる。

しかし、誰が障害を異物と決め、誰が受け入れるべきと考えているのか?　そもそもなぜ受け入れなければならないのか?　このようなことにあまりにも私たち（専門職と言われる人々）は無自覚でいるのではないのだろうか？　実は専門職といわれる私たちが、受容が大切と言いつつも、障害とはなにか？　なぜ受容が大切だと考えるのか？　などを十分に考えていないのではないだろうか？

筆者は養成校を卒業してから精神病院で作業療法士として仕事をしてきた（現在は大学に勤務）。精神病院に長期にわたって入院している患者は、誰からも異物として扱われ、理解されずに長期にわたる入院を余儀なくされていた。なかなか退院できない患者に対して「あの人は自分の病気を受け入れることができていない」と。自分の不安やよく理解できない状況に戸惑っている患者に（専門職の方でさえ自分の日常がままならないにもかかわらず）受容が求められたり、家族の方が病気に対して理解を示さないと「あの家族は病気について理解していない」と言う。また退院に向けて患者を支援していると家族から「家には帰ってきて欲しくないし、帰っても居られる場所がない」と言われる。さらには、家を借りようとすると「火事を起こされたら大変だ！」と貸してもらえないし、仕事をしようとすると「どうやって対応していいかわからないから受け入れることができない」と言われてしまう。四面楚歌に近い状態だ。誰もが精神障害という理解できない受け入れ難いものを、他者が受け取ることを期待して、受容のパスは続く。

本稿では、これまでの精神病院での患者との体験や筆者自身の作業療法士としての体験を振り返りつつ、障害受容について考えてみたい。

知らない間に

精神病院に勤務を始めたころ、男子開放病棟に統合失調症のSさんが入院していた。いつも、作業療法室に来ては、何もせずに時間だけを過ごし、途中に出るコーヒーを一杯飲むとすぐに病棟に帰っていた。口癖に「なんかええことないか?」と言って、会う人ごとに話しかけていく。筆者が決まって「ないですね」と言うと「そうやな」と言って、病棟や外来をうろうろとしていた。

出会って一年ぐらい経った時には、誰もSさんの退院や今後について話をしなくなっていた。なぜなら、いっこうに本人の言動や行動に変わりはないし、病院内をぶらぶらしていて、相変わらずの受け答えだったからである。

私たちは間違いなくSさんが今後も入院を続けていくだろうと考えていたし、それが変化するためにはSさん自身が今の自分自身の問題を理解し、受け入れるしか方法はないと思っていた。ところが、である。ある日からSさんに彼女ができたのである。作業療法室でときどき一緒になる開放病棟のYさんだった。どうも話しているうちに気があったらしい。少し知的な障害を抱えるYさんと精神障害を持つSさん、当初はままごとみたいなものだと誰もが思っていた。ところが、二か月ぐらい経った時、いつも作業療法室に来るはずのSさんが来ない。聞けば広島に行っているという。次の日にSさんに会って話を聞くと、「遠い親戚に退院に必要な書類にサインをもらい、住居を借りるための保証人になってもらうために広島に行っていた」とのことだった。筆者はかなりの衝撃を受けた。昨日まで「障害を持ったまま、長期入院が考えられる」と思っていたからである。それから数週間後、SさんとYさんは不動産屋と契約し、住居を借り、退院した。そして、作業療法室に来て、「今日で最後です。今までいろいろとお世話になりました。新しい家は病院から遠いので、通院する病院は変えようと思います」と言った。あっという間の出来事であった。

先生は本当にそうするのですか？

二五歳の女性患者Iさんは、作業療法に誘ってもいつも拒否した。なぜ拒否をするのか？　まったく理由がわからないので、いろいろと考えてみた。「作業療法に関する理解が不足している」、「仲の良くない患者が来ている」、「自分の病気や今後のことについて考えていないのではないか?」など。こちらが考えたことを本人に聞いても教えてくれないし、もうアイデアは出てこない。相変わらず作業療法は拒否する。ところがしばらく経った後、Iさんが急に参加すると言いだした。あれほど誘っても拒否したのになぜなのか?筆者は本人に聞いてみた。すると思ってもみなかった意外な返事が返ってきた。「中西さんが、髪の毛を切って短くなったから。私ロンゲの人嫌いやねん」と言ったのだ。めまいがした。作業療法に来ない理由が筆者の髪の毛だったとは……。

そんなIさんが一人暮らしと就労を希望した。担当していた筆者は、「仕事に行くためには、まず作業療法に規則正しいスケジュールで参加して、何か成果の上がる作業をしましょう」、一人暮らしについては「まず住宅を探すために、不動産屋の人と話ができるように練習しましょう」と提案した。すると、Iさんは不服そうに次のように言ったのだ。「中西さんは、練習してから仕事や不動産屋とかに行くのですか?」、最初は何を言われているのかさえわからなかった。「えっと」と考えながら反応しようとしていると、「中西さんがしないやり方をどうして私たちはやらなければならないのですか? 中西さんはバイトに行くのにまず練習してからいくのですか? なぜバイトに行こうとしているのに背中を押してくれないのですか? 勇気を持って送り出して、もしうまくいかなかった時に、そこから共に考えてくれるのが中西さんの役目ではないですか?」

ドキッとした。筆者自身もうすうすとこの方法がうまくいかないだろうとは感じていたのかも知れない。もちろん基礎から応用へということはとても大切だ。しかし、方法にはその人その人の状態によってさまざまなやり方があってもいいはずである。しかし、筆者は一つの方法しか提示できていない。そしてもっとも気づいていなかったのが、作業療法に来てもらうことで、現実の仕事の大変さや対人関係の難しさを理解させようとしていたということである。つまり受容である。しかも、病院内の作業療法という仮の現実での受容である。おそらく筆者は作業療法に来ることで「作業療法にずっと参加することの難しさ」や「対人練習で人と話し合うことの難しさ」を本人が理解し受け止めることを期待していたと思う。つまり、筆者は現在のIさんの状態では、仕事や一人暮らしは無理だと考えていたのである。まるで見透かされたように言われて、私は何も返答できなかった。

結局、Iさんの言うとおり、背中を押し、バイトでうまくいかないことがあれば、どうやって解決するかを共に考え、家探しも一人で行かせて、対策を考えることにした。おかげで、なんとかバイトも始められ、家も見つけることができた。

先生もそうなんですか？

患者Yさんがヘルパーとして働きたいと希望した。「ヘルパーとして働いて、高齢者の人に希望を与えたい」とまっすぐに自分の気持ちを話す。実際の介護の仕事はそんなことばかりでもないと話しても納得してもらえない。話を聞くと現実の仕事がわかっていない様子。そこで一度職場を見学したほうがいいと思い、当時月に二回行かせていただいていた高齢者施設へ一緒に行って、ヘルパーの仕事の見学をすることになった。四か月ほど一緒に行って実際の職員から話を聞いたり、仕事に参加させてもらったりした。Yさんにも少しずつではあるが、自分が思っているような仕事ばかりではないことに理解が進んできた。ある日の帰り道に、突然「中西さんみたいになれない。私は障害者だから」と言う。何のことかと訪ねると、「一緒に施設に行くと中西さんが頑張っている姿ばかりが目につく、私は全然駄目だし、中西さんみたいにはなれない」と言う。どうも自分が知らず知らずのあいだに、本人の見本になっていた（それも到達不可能な見本として）ようであった。すこし間があいた後で、「実は自分も目が悪くて、障害者ですよ。眼鏡なしには何もできないのですから、そういう意味であなたと私ではあまり違わないと思いますよ」と話すと、「へえー、そうか。あまり違わないのか」と感慨深げにいろいろと考えているようだった。

その日からしばらく経って、「もういろいろと考えるのはやめました。ヘルパーより介護福祉士の学校に行きたいので、一緒に頑張ってもらえますか」という言葉が返ってきた。そして、デイケアでは院内店をしたいと言って、一緒に企画を考えたり、物品を揃えたり、マニュアルをつくったりした。本人は緊張しながら、病院の事務長に企画を話しに行ったり、自分で予算を組んで物品を購入したりした。そしてなんとか軌道に乗せるまでこぎつけた。そうやって、日々デイケアで活動しながら、高校の通信制から始めて、高卒の資格を取り、その後介護福祉士の資格を取って働き出した。Yさんはその後、一人暮らしをした。その時に障害年金を打ち切ると自ら医師に申し出たのだ。少しでも援助があったほうがと医師は助言したが、Yさんはきっぱりと「もういいんです」といって、最終的に打ち切ることになった。

ダメな自分の体験から

筆者は学生時代から精神科領域の課目が苦手で、就職は一般病院のリハビリテーション科にと考えていた。しかし、ある病院での実習後、精神科に勤めてもいいかなと無謀にも方向転換を考え始めたのだ。そして、養成校の教員に申し出て、実家から遠く離れた誰も作業療法士がいない病院に就職を決めた。

筆者はもちろん初めて働くし、その病院も初めて作業療法士が就職したので、お互い今後どうやって進めたらいいかわからない。筆者も作業療法をよくわかっていなかった。このことは、いろいろな部署で迷惑をかけることとなった。親元を離れて、初めて病院の寮に住み始めたので、日々の生活、金銭管理など何もできず、すぐに生活が破綻していった。病院でも、時間どおりに患者を迎えに行けなかったり、患者がしていた作業中の作品を、他の患者に間違えて渡してしまったり、とにかく何かと問題を起こしてしまう。一年目は、看護師の皆さんから怒られ、作業療法の参加者も少なく、うまく展開できない日々が続いた。いわゆる筆者自身が問題児だったのである。

そんな問題だらけの筆者ではあるが、不思議とあまり怒られたり、自分のできなさを理解しろと言われることは少なく、逆にいろいろな人が支援してくれることが多かった。たとえば病棟の看護師と意見が合わず、険悪な雰囲気で帰ってきて、ブツブツ文句を言って事務所にいると、どこからともなく、「どうしたん」と声がかかる。振り向くと事務所の人が横にいて、「コーヒー飲みに行こう」と言って、自販機まで筆者を連れて行き、しばらく私の話を聞いてくれる。生活費がなくなると誰かが家に呼んでくれたり、お金を貸してくれたりする。いつも言われるのは「本当にしょうがないやつやな」と。でも、それ以上私のできなさを責め立てない。勤めだして、一か月ぐらいした時、突然病棟の師長（男性）が来て、「明日から昼ごはんはA病棟のスタッフと食べに行ってもらいます」と言った。昼休みにその病棟まで行くと病棟の勤務表の一番下に「中西と食事に行く係」と書かれていた。そして、その日からしばらくA病棟のスタッフと昼食を摂りに行くこととなった。そして、食事を共にするなかで、その病棟の看護師と少しずつ打ち解けてきて、病棟のレクリエーションの企画を一緒に考えたり、ほかの病棟からの作業療法の参加者も徐々に増えてきた。

専門職の理解と当事者の理解のズレ

これまで患者との体験や拙い筆者自身の経験を書いてきた。「そこには、Sさんの事例のように、専門職といわれる筆者がSさんに対して予測していた状態と、著しく変化したSさんの行動は、私の理解や予測をはるかに超えていたことがあった」それは、専門職の知識や理解を超えていた。私はいったい何を見てきたのだろうか？　あるいは、私はSさんの何を問題と考えていたのだろうか？　そして障害受容したのは誰なのだろうか？　未だに答えは出ていない。

また、Ｉさんの事例では、作業療法プログラムへの参加を通して、本人のできなさを自覚させようとしていた筆者が、実は本人のチャレンジをそいでいることに気がつかず、Ｉさん本人からの指摘を受けて、そのチャレンジを支援するとともに、そのチャレンジを通じて生じるさまざまな課題をＩさんと相談しながら進めた。障害を受容していくというより、むしろ課題をどのように進めていくか、どうすればうまくいくかを共に考えていたように思える。

そして、Ｙさんの事例のように、突然質問を投げかけられ、Ｙさんの考えを聞いて、ずっとこれからに向かっていくことができたこともある。しかし、Ｙさんにしても、障害受容をしたかどうかわからない。それは、筆者の意見を聞いて、「ごちゃごちゃと考えないようにして」とあるように、「障害の特性を理解するというより、障害はみんなにあることなのだから、そのことにこだわるより、むしろやる必要のある課題を行っていくことに専念するべきだ」と考えを変えたように思える。振り返れば、筆者の体験も、スタッフも患者も誰も筆者のできなさを直面させようとするのではなく、むしろ仕事のうえで生じる課題や問題を、周りのスタッフや患者が共に話し、考え、行動を共にしてくれたことが大きいように思う。

障害の直接理解より、課題を通じての理解

ここで述べた事例から得られるのは、「障害やできなさに直接焦点を当てて、そのことを受け入れるということではなく、むしろ今の現実的な課題に取り組むことが自分自身の理解へと向かっている」ということなのではないだろうか？　しかし、決してここで生じた障害やできなさに対する理解は、第三者的視点やいわゆる教科書的な知識の理解ではないことが大切である。自分の課題を通じて、自分の心や身体、対話する他者とのなかで培われた体験や生身の体験から生じる理解であり、決してそこから離れた客観的な理解ではないと考えられる。今回の事例から、まず障害やできなさを理解することが最初に必要であるという方向ではないことがわかると思う。

障害やできなさ、自分自身の特性を理解することから考えるということは、その特性がわかると、もう誰にも迷惑をかけることなく、できるようになると考えられているように思われる。他者に迷惑をかけないという点が、障害を理解することから考える時の大きな特性ではないかと考える。それは他者との対話をやめて、自分自身のなかで限界点を決めていくことだからである。そして限界点が決められたなら、そこからはみ出さずに生きていくことが求められているように感じる。つまりそこには、障害や能力の可視化とそれに

対する評価があり、その評価に基づいて自分自身の生き方が決定されているのではないのかと思われるのである。

可視化される能力・取らされる責任

そこには「能力こそが、人生を決める」という評価的および能力至上主義的な考えがあるのではないかと思う。つまり、自分自身を客体化し、スペックを理解し、それに応じた生き方を模索するという、私たちが車や家電、パソコンを買う時のような対応を自分や他人に求めているのではないか？　そして、それは「自分の特性を理解して、自分で決めることが大切で、自分で決めたことは自分で責任を取ることが必要」という自己決定、自己責任の論理にからめとられていく。つまり、「あなたがうまくいかないのは、自分の障害が原因で、自分でその難しさを理解することが解決の糸口となるし、難しいなら諦めるしかない」と。そうすると、「障害受容」では第三者的視点で可視化できる内容で、自分で自分を理解し、その理解を通じてもう周りに迷惑をかけなくなることが望まれている。あるいはそのことが可能であると考えられているのではないかと思う。そしてそのことを障害やできなさを持つ人が、責任者として引き受けることを周りが求めていることではないかと思う。

共同による尊厳

しかし、それぞれの事例では、他者への迷惑を中心に考えられていないことがわかる。むしろ積極的に迷惑を共有し、共に解決していくことが中心となっているように思える。また、個人の能力は可視化されることなく、評価もあまりされていないことが重要な点であると考えられる。むしろそれは、不問にしている。そしてそこにあるのは、障害やできなさを抱えた本人と周りの人々の対話と行動である。対話を通じて、あるいはそばにいて、支援をすることを通じて、本人の新たな可能性を共に考えているように思える。そして、何よりうまくいかなかったりしたことを個人の能力や可視化して理解を促したり、その評価を通じて、個人の責任を強調するのではなく、一時的な共同体として決定したり、責任を取ったりしているように考えられる。そこには、能力を中心とした考え方ではなく、一人ひとりの尊厳を中心とし、共に強さや弱さを抱えた一個人として、共に支え合いながら課題を行っているように思える。まさに、それは、障害を自分で理解する方向とは異なり、課題を共に行うなかで、何となく共に理解が進む方向である。それは、交換可能で共通の言語による能力というスペックで語られるのではなく、一人ひとりの尺度も価値も視点も違うもの同士という前提があるように考えられる。

自分の理解への時間的余裕

また、それぞれの事例から、本人のできなさの理解には時間的余裕が必要であることがわかる。今回の事例では、障害やできなさの理解は、自分自身の経験とともにゆっくりと自らが経験のなかで行い、決して他者に強要されていないことがわかる。そして、ゆっくりとした変化を待つこと、あるいは変化しないことを待つことで、共に居られる場が創られていた。

誰かに「される」「させる」から、おぼろげに「する」へ

障害を受容するということは、まさに「させられるもの」として他者がその人に強要したり、「させるもの」としての目標として設定されるのではなく、その人が課題のなかで他者を通して、「するもの」として自分自身が理解するプロセスではないかと思う。その

プロセスは非常に個人的でなんども紆余曲折しながら、自らが体験を通しておぼろげながら理解し、またわからなくなるのである。決して他者からや明示的なプログラムのなかで実施されるのではないと思う。そうすると理解には必ず自分とは異なる他者が必要であるし、他者なしで自分自身を理解することはとても困難であるということになる。ましてや、人生のなかで初めての障害を持つという体験であればなおさらである。

精神障害を有するということ、障害受容すること

前記のように考えると障害を持ちそれを受容することの大変さが少しずつわかってくる。精神障害は、内因性（原因不明）の疾患による障害であり、自分自身でも自分の身に何が起きているのか理解できない。ましてや自分でなりたくてなったわけではないのである。それは、人や世界との関係が根本的に変化することであり、自分でもどのようにして受け入れていいのか、その方法さえもわからないのである。そのような人たちに、回復という名のもとに、自らさえも理解できない障害の理解を求められ、目標として設定されることは、どれほど大変で困難なことか想像に難くない。

最近、精神科領域のさまざまな支援方法に、本人が「するもの」として取り組むさまざ

まな方法が、注目されつつある。オープンダイアログ[1]やユマニチュード[2]、ストレングスモデル[3]、リカバリー[4]などである。これらに共通していることは、注に記すごとく人道的な観点に立ち、あくまでも一人の人間として、権利を保障し、その行動、発言が保障され、民主的であり、本人を主体として治療や支援が行われるというものである。また、支援者と被支援者という階層的な関係ではなく、相互作用的であり、決して二者関係になるのではなく、さまざまな人々が関係してくるということが、特徴となると思われる。それは、原因や問題点の理解から原因除去や問題解決を目的とする支援のあり方から、変化することであり、本人の課題を共に行いながら、リカバリー（人生の回復）することだと思われる。そして、リカバリーに向かうためには、筆者ら専門職も障害に対する考え方や支援方法などについて従来の考え方を修正することが求められているように思える。

今思えば

初めて自分の仕事の体験を振り返りつつ、考えてみたが未だに自分自身が自分のできなさについて理解できているようには思えない。相変わらず、些細なことや失敗することで落ち込んだり、ちょっとうまくいったことでうれしがったり、自信を持ったりなど、一喜一憂している自分がある。そして、私たちは体験を通してつくってきたさまざまな自分を持ちつつ暮らしている。それは、決してはっきりとしたものでないし、影を追いかけるようなものかもしれない。そして、相変わらず捉えどころのない自分自身と向き合いつつ生活を行っているのである。わかると楽になるが、わかってしまうともう終わりのような気がする。まさにこのあいだでゆらゆらと揺れることが、人の生活で大切なことなのではないだろうか？　そして、時々自分の輪郭が垣間見れる時に、人は自分自身を捕まえた気分になるのではないだろうか？

注

（1）オープンダイアログ：フィンランドで行われている初発の精神病エピソードに対して、本人、家族、重要な人、専門職が集まり対話（ダイアローグ）を通して、治療を進めていくことである。あくまでも本人が納得するように進めていくため初発のエピソードでも入院などが回避されるアウトカムが提示されている。

（2）ユマニチュード：フランスのイブジネストらが考案した認知症への新しい取り組みである。ユマニチュードの名前のとおり、人間らしく対応することを哲学とし、認知症の人と対応するために見る、話しかける、触れる、立つという基本技能を大切にしている。

（3）ストレングスモデル：精神科リハビリテーションのなかで考えられてきたモデル。従来の問題点中心型ではなく、その人の持っている強さをより引き出すために体系化された方法である。特徴は相互に対話すること、共に考え、行動することである。

（4）リカバリー：病や障害を中心とした回復ではなく、人生を回復することを目的として、その回復を共に行うことである。従来の回復（治癒や寛解）とは異なるためにリカバリーと呼ばれる。ここでは、病や障害からの回復も大切であるが、自らが自分の人生をどのように取り戻したかが大切な観点であり、それに向けた支援をどのようにするべきかが問われる。

著者プロフィール

中西英一（なかにし・えいいち）

一九六九年京都市生まれ。神戸医療技術短期大学部を卒業後、兵庫県の精神病院で作業療法士として勤務、その後神戸大学医学系研究科保健学専攻　博士課程前期課程修了（保健学修士）、現在は藍野大学医療保健学部作業療法学科に勤務。作業療法総論や地域作業療法学を担当。趣味は読書。

〈寄稿〉ＡＬＳ患者の家族に必要な支援とは

川口　有美子

はじめに

ＡＬＳは全身の運動神経が選択的に侵されていく原因不明の難病である。最初は手足に動かしにくさを感じる程度だが、やがて全身に麻痺が広がり、呼吸も止まる。その前に人工呼吸器を装着しなければ死に至るが、その選択は患者自身に委ねられているところが残忍な病気と言われるゆえんであろう。

なぜなら、長期入院ができる病床数は十分ではないし、常時付き添いの介護者が必要だ。多くは在宅療養しかないということになるが、介護は家族に多大な負担となってしまう。つまり、呼吸器の選択は、言ってみれば「不動の身体で生きていく覚悟」とか、「全介助の生の受容」ということであり、それは患者の選好や意思によるばかりではなく、家族の合意を必要とするが、それは二四時間の介護負担を迫るということでもある。当然、家族の難渋を考えれば、患者には決心しがたいことであろう。

このようにして、ただ生きていくこと、ただ呼吸をすることにおいて数々の難題を抱え持つＡＬＳ患者の家族四名に、発症当初から現在までの出来事について聞き、「これで助かった」「こんな支援が欲しかった」「支援を受ける際に心がけた」点について語ってもらった。

本稿ではＡＬＳ患者の同居家族にとって必要な支援がどのようなものであったかを見ていこう。

Ｉさんの体験

（妻の介護のために夫も就労できなくなり一家の収入がゼロに）

家族構成…ＡＬＳ患者（妻）三〇歳代後半、夫三〇歳代後半、長男八歳、次女六歳で回答者は夫

●発症からこれまでの経過

二〇〇二年七月に妻が首の動かしにくさに異変を覚えて、近くの総合病院を受診し、主治医から病名を告知された。その時、子どもは四歳と二歳。夫は子どもと妻の世話をしなければならなかったが、すぐに仕事を辞めることができなかった。夫は妻の介護と子どもの世話は妻の実家に依頼し、二〇〇四年二月に妻が胃ろうの手術を受けるまで仕事を続けた。妻は人工呼吸器を装着しないと言ったが、夫は子どものために選択して生きるように説得し、妻は同年六月に気管切開と同時に人工呼吸器を装着した。訪問看護ステーションは保健師の紹介で、二〇〇四年二月から二か所に入った。その後、いろいろあって二回ステーションを変更した。

滞在型の重度訪問（当時は支援費制度、二〇〇六年三月に「障害者自立支援法」が適用された）の介護派遣事業者を探したが、単価の高い身体介護でないと引き受けてもらえず、都内八〇か所に電話したが全部断られた。単価が安い重度訪問介護の派遣はしないとはっきり言われた。その後、胃ろうの造設もあり、経管栄養で注入するために、夫も仕事を続けていけなくなった。六月に人工呼吸器を装着したが、ヘルパーは見つからず仕事に行けなくなり失業した。子どももいるのに、これからどうして食べていけばいいのか、育てていけばいいのかわからなくなり、ＡＬＳの当事者が運営するＮＰＯに相談をした。その時に基準該当[注]サービスによる介護事業所の立ち上げを勧められ、自分もやってみることにした。七月に実家から同区内の住宅に引っ越し、同時に事業所を開設し、学生を集めて重度訪問介護従業者養成研修を受講させ事業所に登録し、妻の介護者として派遣した。現在まで夫は介護事業と妻の在宅介護を両立し、生活も安定した。

●相談・支援のポイント

幼児のケア

患者の子どもが幼いケースであり、子どもたちの健全な育成のために患者とは別のケアが必要であった。このケースでは当初から区の保健師が親身に相談に乗り、小学校入学や子守りの手配をしてくれた。

人間関係のトラブルの仲介

夫はちょっとした考え方の行き違いで支援者とよくトラブルになった。心身ともに疲労が限界を越えた家族は時に激昂することもあるが、気持ちを代弁し、仲介してくれる保健師がいて助かった。

親戚や親戚以外からの支援

身内（妻の親）に介護や子育てを依頼し、関係が悪くなった。親戚といえども無償では長続きしない。身内であっても何かを依頼するときには、謝礼をすることにした。家族やボランティアにも何かを頼む時は有償でないといけないと思った。

家族介護には所得保障がない

胃ろうの造設前までは夫も就労できた。しかし造設後は妻の介護につききりになり失業した。一気に生活不安が倍増した。療養が長期化し所得のない状態が長く続いた。家族に対する経済的な支援は欠かせない。しかし、現行制度では家族には所得保障も生活保障も休業保障もない。家族介護者に対する経済的援助が欲しいと夫は述べている。

吸引ができるヘルパーの養成と紹介

気管切開後に吸引ができるヘルパーが見つからなかった。派遣事業者は重度訪問介護は長時間でシフト管理が難しく単価も安いので引き受けたがらない。ケアが格段に難しくなる人工呼吸器装着後は撤退してしまい介護者を見つけることがきわめて難しくなった。それで近所の人や学生など間口を広くして一般の人を集めて介護者に養成すること（自薦ヘルパーの養成）をしてきた。そうして育てたヘルパーが長く就労できるといい。介護は柔軟な制度にして欲しい。

Hさんの体験
（発症時に幼稚園児がいて自分の病気どころではなかった）

家族構成…現在家族（五〇歳代の夫、三〇歳代の長女）と別居。二四時間他人介護による独居生活者。犬を飼っている。回答者は長女

●発症からこれまでの経過

一九八五年秋、右手の握力が低下し、不安を覚えて整形外科を受診した。しかし、長女がまだ幼稚園児であったため育児が忙しく、自分の身体の異常も忘れて暮らしていたが、一九八六年に大学病院の神経内科を受診してALSの告知を受けた。しばらく幼稚園のPTAや実家の支援があり、マンパワーには苦労しなかった（娘の立場からも寂しい思いをしたことがないと語られた）。夫の実家に同居することになり、主たる介護者は叔母が務めた。だがその翌年頃から排泄にも介助が必要になり、一九八九年には口文字で会話をするようになった。その後、現在の居住区に転居しこのころから都の全身性障害者介護人派遣制度を利用するようになった。患者には家族に介護をさせたくないという強い意志があり、一九九三年に人工呼吸器を開始してからは、病院のMSWやALS協会関係者の支援

により、訪問看護や夜間の学生ヘルパーなどかき集めて資格を取得させ、ケアを教え利用するようになった。そして、ほぼ二四時間近くを公的介護でまかなえるようになり、一九九四年頃には外出の機会も増えたので任意団体を立ち上げ、患者と家族介護者の在宅療養支援のためのピアサポート活動を始めた。

二〇〇三年には支援費制度の基準該当居宅介護派遣事業者となり介護事業を開始、患者会や障害者のリーダー的存在となり経済的にも自立した。患者会活動を通してさまざまな政策提言を行い、二〇一三年一二月から一、〇二四時間が区から介護時間として給付された。単身独居は一二年目である。

●相談支援のポイント

患者と家族の自立支援

家族に自分の介護をさせたくないため、公的介護制度を熟知した支援者や当事者同士のサポートが必要であった。幸いなことにALSのケアに精通した看護師や保健師、ソーシャルワーカーが当初から大学生を含む素人による長時間のケアチームを支えた。Hは看護師とヘルパーに仕事を分担し自分で指示ができた。そのため医療に不慣れな学生ヘルパーでも安心して介護できる環境を整えることができた。Hは非医療職であるヘルパーに医学的な判断をさせないために、一日四回訪問看護を利用してきた。Ｈは医療従事者も含めた人的資源の開拓とエンパワメントは患者の仕事と言う。

意思伝達方法の工夫

Ｈはヘルパーから口文字の方法を教わりマスターしたと言うが、今では自分でヘルパーの教育を行っている。独自に生み出した口文字盤（前述）は文字盤より便利だというが、熟練しなければ読み取ることはできない。文字盤は誰でもすぐに取得できる方法ではあるが、瞼が開けにくくなり眼球運動が難しくなるなど障害が進むと使えなくなってしまう。その点、口文字盤は介護者の技術次第ではあるが、瞼が開かなくても口元の微細な動きから意思を読み取り長く使える。

Ｈは意思伝達装置も利用しているが、ＩＴボランティアの訪問を随時受けている。情報格差は支援格差にもつながるので、療養の初期から意思伝達のアセスメントを頻繁に行う必要がある。

子どものケア

Ｈの長女は大勢の親戚のなかで育てられたために、母親が病気でもさほど寂しいことはなかったと振り返っている。しかし、「学齢期の子どもにも心理的ケアも必要だった」と述べてもいる。親の発病に伴って子に対する周囲の関心が薄まり、子どもの健全な育成が妨げられるおそれがあると言う。学齢期の子どもにも親の病気の説明をする必要があるが、日本では難病の親を持つ子どものサポートは系統的に行われていない。ヤングケアラーの研究も遅れている。

社会資源の利用

Ｈの現在のケアには前述のＩとほぼ同様の多額の介護費用が投入されているが、Ｈの療養生活は地域に開かれたもので人々の支援の輪が形成され、人工呼吸器装着者の社会参加が実現している。患者による戸別訪問活動は相手先からの依頼に応える形で行われている。Ｈのボランティア活動である。そして、そのための活動資金はＨの介護給付や各種助成金から捻出されている。

訪問介護事業所を営むＨは、地域に雇用を創出し自分の身体で医療従事者やケアワーカーを養成し地域医療の基盤づくりに貢献しているという。多額の公的資金をたった一人の難病患者に投入することに対する根強い批判があるが、Ｈは支援者のネットワークづくり、患者家族専門職のエンパワメント、一般市民を介護職に育成し家族の自立と雇用の創出などのために働いている。

ＱＯＬは難病患者の場合、特に医療やケアの対費用効果を図る機能主義的なＱＯＬ評価を用いると低く出るが、ＳＥＩ-ＱoＬなどの主観的ＱＯＬ評価では高得点になる者も少なくない。一人のALS患者が築く地域医療のネットワークや医療職やヘルパーの技術向上、意識改革などに対する費用対効果の評価方法があるとよい。

＊Hは人工呼吸器とバッテリー、携帯吸引機を搭載装備できるリクライニング式車椅子を使って、ヘルパー二人体制による長時間の移動が可能である。その準備はほぼ三〇分以内に学生ヘルパー二人で行うことができる。長距離の移動には新幹線や航空機を利用している。日本国内ならどこでも日帰りできる。

Fさんの体験
（二〇歳代の娘が仕事を辞めて母親の介護をすることになった）

家族構成：本人（母親）と長女（二〇歳代後半）、次女（二〇歳代半ば）、三人暮らし。
回答者は次女

●発症からこれまでの経過

二〇〇三年七月に左足に異変を感じ、歩行が困難になり、二〇〇四年四月に入院、脊椎管狭窄症と診断され手術を受けた。二〇〇五年一月に病名告知を受けALSに関するビデオなどで病気の勉強をした。二〇〇四年六月から次女は留学し二〇〇五年五月に帰国。その間、長女と従妹がケアを担当した。障害の進行に伴う心理的ショックは大きく、人工呼吸器の装着を希望しなかった。二〇〇五年七月にはベッドからトイレへの移乗が困難になり、夜眠れなくなる。八月に胃ろうを造設するが、医療職との意思疎通が困難で絶望して気管切開をまだ拒んでいた。

九月に痰をつまらせて再入院となり気管切開。近所のサポート・訪問が絶えず励まされた。一一月に痰の吸引のできるヘルパーを探したが見つからないまま一二月退院。当初は一日二四時間を姉妹で介護したが、不安のためか夜間に一五分おきの吸引を要請され介護が困難な状態になり、在宅一〇日ほどで再入院。医師は人工呼吸器をつけなければ再び自宅に戻れないと言い、人工呼吸器装着について考えた。姉妹は人工呼吸器装着を願い、患者も承諾し装着に至った。障害者施策を使う自薦ヘルパーシステムを知り、新聞紙上で介護ボランティアを募り、看護学部の大学生のサークル活動を組織して夜間深夜帯の介護を分担。二四時間他人介護を実現し(注)、姉妹は実家から出て独立し、現在に至る。

●相談支援のポイント

先進的な地域の情報を入手

姉妹は二〇歳後半であり、自分の人生について真剣に考えねばならない時期でもあったが母親の介護に専念せざるを得なかった。必死で支えたので母親は人工呼吸器の装着を決断した。ＡＬＳの親の介護をしている成人の子は少なくないが、「親孝行」で片づけられてしまい子が抱えている問題は表面化していない。しかし療養が長期化すると子は人生の選択の機会を失ってしまう。子の負担を考えると患者は人工呼吸器をつけることをためらう。しかし、この母親は次女に説得され、子を見守るのは親の義務であるとも考え直して人工呼吸器に踏み切った。次女がインターネットを駆使して有用な情報を入手し、制度が進んでいる地域のケアプランを母親のケアマネに依頼し、市と掛け合って二四時間他人介護に成功した。

身近な相談者

姉妹はいずれは介護派遣事業所を開設し、母親の介護に入る他人の比率を増やそうと計画していた。そして母親の自立と自分たちの就労や結婚を実現しようとしていた。母親は特に次女の思いを受け止め前向きに生きる覚悟を決めた。母親の自己決定も尊重されなければならないが、家族の願いに応じて人工呼吸器をつける覚悟ができるのであれば、それが患者の意思であって家族による強制ではないと娘たちは言う。

他人介護を拒み自分には支援の輪をつくれないという患者は少なくない。トイレ介助は家族でなければならないという患者もいる。若い家族にとっても地域の保健師や看護職、ケアマネジャーには身近な相談者としての役割が求められる。家族関係のトラブルを未然に防ぎ調停する役割もある。

レスパイト・重度訪問介護による見守り

当初は長時間の介護保障がない地域であったが、この家族が他人介護を導入するにあたって、地域の専門職も一致協力し体制整備を始めた。レスパイトは在宅開始時から療養計画に組み込まれた。しかし、レスパイト入院をするうえで患者が強く希望しているのは慣れ親しんだ介護者の付き添いであった。入院中にヘルパーの利用を止めてしまうと慣れ親しんだヘルパーも事業者を通してほかの患者へ派遣されてしまう。退院時に再び同じヘルパーを確保できなくなって困ることになる。

Sさんの体験
（進行が著しく早いためにカウンセリングが必要だった）

家族構成：本人（六九歳）夫（七〇歳）長女（別居）次女（同居）、平成一六年以降ほぼ二四時間の完全他人介護体制。

●発症からこれまでの経過

一九九四年に右乳がんの摘出手術を受けてから、夜半に足がよく攣る（つる）ようになり、一九九五年三月には歩行困難になった。地域でボランティア活動のリーダーをしていたため、保健所との付き合いもあり、知り合いの保健師が病院を紹介してくれた。だが、最初に整形外科を受診したため、ヘルニアの手術を受けてしまった。改善しないので再び保健師に伴われて神経内科を受診し、ＡＬＳの告知を受けた。その後は進行が早く、同年一二月には海外在住の長女と孫を呼び寄せ、同居して介護に入ってもらうことになった。一二月前半に呼吸困難になり、入院し挿管、気管切開し人工呼吸器を装着した。同時に胃ろうを造設し、翌年一九九六年二月には在宅人工呼吸療法を開始した。だが、Ｓはふさぎこみ、友人の訪問さえ拒むようになり、家全体に閉鎖的な雰囲気が漂った。そのころから、訪問看護師とかかりつけ医、主治医の連携でメンタルケアが始まり、かかりつけ医が運転して遠方ドライブに出かけたり、女流歌人の訪問を受けたりするようになった。またクリスチャンの主治医からは宣教師を紹介されたが、かえって悩むことになった。一九九七年ごろから重度障害者を自覚するようになり、社会的支援の必要性を社会に向けて訴えるようにもなり、新聞記者に取材してもらうようになった。しかし、病状の進行は早く九九年には文字盤による意思伝達も困難になった。尿が出にくくなり、カテーテル留置による導尿を承諾した。二〇〇〇年にはほとんどコミュニケーションがとれなくなり、会話もできなくなり、ストレスのため高血圧と頻脈が続き、家族もうつ症状を訴えるようになったが、医療と介護の両面によるサポートで、しだいにSの心身が安定すると家族も居直るようになり、次女は再就職し長女も就業するなど家族は前向きになった。二〇〇七年に他界するまで在宅療養が続いた。

●相談支援のポイント

進行がきわめて早いケース

発病からたった一年以内に告知、気管切開、人工呼吸器装着に進むほど進行が早く、新たな障害が日々押し寄せてくるような患者では、人工呼吸器装着に関する意思決定をする時間的な余裕がない。家族全員が精神的にも追いつめられ相談をする余裕もなく、感情的になってしまう。介護疲労のため家族は話し合えない傾向にあるが、ＡＬＳに熟知した専門家によるカウンセリングは求めていた。医療職から事前指示書の作成や治療の選択を迫られると強制と感じられ苦悩した。

疾患の進行と葛藤

Ｓは覚悟ができないまま呼吸不全で人工呼吸器がついてしまったと思っている時期があったが、病人の役割に気づき半年後には立ち直った。必ず立ち直ることを信じて周囲は待ったのが功を奏した。医療専門職の同行による外出支援やベッドサイドでの文字盤、意思伝達装置などの導入によってＳは徐々に生きがいを見いだしていった。ネガティブな感情を持ちがちであった家族に対する精神面のサポートは診療所の看護師や家族の友人が話を聞くなどで行っていた。コミュニケーションが非常に困難になっていく時には患者会を通して意思伝達方法（ＭＣＴＯＳ）の導入が行われ、家族には同じ症状の患者の家族を紹介された。患者会のピアサポートが大変に効果的であった。

制度を使いこなす

Ｓの家族は難病医療、介護保険、障害者施策などの国の制度を学び使いこなした。介護保険と障害者施策の重度訪問介護はサービス内容もケアプランの組み方も異なっていることなど、制度を利用する側にも最低限知らなければならないルールがある。制度を知らずに要求ばかりしていると診療所や事業所とのトラブルが生じることがある。

●ＡＬＳの生涯受容とは

聞き取りの結果、家族構成員一人ひとりの生活の安定が、ＡＬＳの長期療養にとって必要不可欠であることがわかった。要は適切なタイミングで情報提供がなされることであり、家族との関係改善により、ＡＬＳ患者は生きる力を取り戻し障害を乗り越えている。しかし、患者は間断なくさまざまな身体的要求を繰り出してくるので、介護者にとっては扱いにくく、従順とは言いがたい。そのため、しばしば障害（病気）を受容していないなどと言われてしまう。さらに言えば、事前に呼吸器を装着しないと意思決定することが、この病気を「受容している」と認識され、評価されている面もある。これはとんでもない誤認であり、周囲からの「（死の）受容」を期待されていると感じとった患者は葛藤し、よりいっそう苦しむことになる。

患者に何かを選択してもらう時、支援者がもっとも気をつけなければならないことは、患者の自己決定を尊重しているつもりが、「受容」を押しつけるようなことになっていないか、ということであろう。そのためにも、療養場所や介護者など、生きていくための選択肢を増やす介入的支援は不可欠である。長期療養者の家族の語りからも、さまざまな立場の人たちによる積極的な介入や洞察が功を奏しているといえよう。

注

居宅サービス事業者や居宅介護支援事業者として指定を受けるべき要件（法人格、人員、設備、運営基準）の一部を満たしていないものの市町村が認めて、必要とされ、一定の水準を満たす場合、市町村の判断でそれらのサービスを介護保険の給付の対象とすることのできる制度。

著者プロフィール

川口有美子（かわぐち・ゆみこ）

『逝かない身体』（医学書院）で二〇一〇年六月、第四一回大宅壮一ノンフィクション賞受賞。NPO法人さくら会理事、有限会社ケアサポートモモ代表取締役、日本ALS協会理事。

第四章 ● 宗教者の向き合いかた、受け入れかた

キリスト教およびキリスト教会のなかでの障害（者）理解について

堀越　喜晴

はじめに

今日の世界の障害者福祉、また障害者に関わる諸制度を見渡した時、そこには必ず何らかのかたちでのキリスト教の影響を見て取ることができるということには、おそらく異論の余地はないであろう。言うまでもなくキリスト教は、古代メソポタミアに起源をもつユダヤ教を母体として生まれ、おもにヨーロッパで育まれ、世界的な版図を持つにいたった宗教である。それではこのキリスト教のなかで、またこれを主導理念として営まれる共同体であるキリスト教会のなかで、障害者という存在はどのように解釈され、またどのように遇されてきたのだろうか。

障害学をおもな研究テーマとする社会学者の星加良司は、次のような疑問を呈する。

「キリスト教的な社会福祉観には、世界の予見性、社会的位置の宿命性を強く前提した上での弱者への働きかけという思想が流れていなかっただろうか。弱者を放置している自らや社会に対する自己批判はなされても、弱者を産み出している自らや社会に対する自己批判はなされてこなかったのではないか。障害者の置かれた状況を自分のこととして受け止めるというとき、それは自分ではない誰かによってもたらされた障害への苦難への共感という文脈を超えるものではなかったのではないか。もちろん、弱者が現に放置されている歴史の中で、キリスト者の社会福祉実践が持った意義について真っ向から否定しようという意図はない。また、障害の意味付けという実存に関わる問題に直面した障害者やその家族にとって、現に存在する不遇な地位についての説明を与えてくれる思想や宗教が大きな意味を持ったことは確かであり、現在においてもその意義を否定すべきではないと考える。しかし、愛と正義が前面に掲げられる福祉実践を通じて障害者にその働きかけの客体としての社会的地位が割り振られていることが、障害者の無力化の一つの要素を構成したという潜在的機能についても、社会学・障害学は焦点を当てることになるのだ[1]。」

本稿ではこの星加の指摘を出発点とし、まずキリスト教の聖典である聖書のなかでの障害者の扱い方から、ユダヤ・キリスト教における障害者観を検討する。次に、現代の日本のキリスト教のなかで試みられた障害者をめぐるいくつかの解釈に触れる。そして、自ら視覚障害者であり、かつキリスト教信徒であるという私自身の立場から、今日のキリスト教会での障害者の遇され方を内観し、今日のキリスト教に対して果たしうる障害者の役割、またそれを通してキリスト教が発しうるメッセージの可能性を探ってみたい。

聖書のなかの障害者

●旧約聖書

キリスト教会では、イエス誕生以前に書かれ、ユダヤ教とも共通に聖典として用いている書物を称して「旧約聖書」と呼んでいる。その第三巻目に当たるレビ記には、障害者に関する次のような規定を見いだすことができる。

主はモーセに仰せになった。アロンに告げなさい。あなたの子孫のうちで、障害のある者は、代々にわたって、神に食物をささげる務めをしてはならない。…障害のある者はだれでも、主に燃やしてささげる献げ物の務めをしてはならない。彼には障害があるから、神に食物をささげる務めをしてはならない。しかし、神の食物としてささげられたものは、神聖なる物も聖なる献げ物も食べることができる。ただし、彼には障害があるから、垂れ幕の前に進み出たり、祭壇に近づいたりして、わたしの聖所を汚してはならない。わたしが、それらを聖別した主だからである。（レビ記21：16―23）[2]

ここでは明確に、障害者は聖ならざる者、さらに言えば汚れた者とされている。そしてそれゆえに、障害者は聖なる務めから厳格に排除され、そればかりか聖なる場所に近づくことさえ禁じられている。しかし障害者は、神に捧げられた神聖な食物を食べることは許されている。ここにはすでに、星加が鋭くも指摘した「働きかけの客体としての社会的地位」という固定された役割と、それによる「無力化」の萌芽が見て取れる。

キリスト教徒たちはしばしばこのように言う。「旧約聖書の神は軍神であり、裁きの神である。それに対してイエスの説く新約の神は、どこまでも愛の神である。」しかしそれでは、ユダヤ教の伝統の株から生出た花であるキリスト教は、それほどに旧約聖書を止揚し、またそのなかに流れる考え方とは断絶したものだと言い切ってしまってよいのだろうか。

●新約聖書

新約聖書は、イエスの生前の言動、受難、および死と復活の記録である福音書、イエスの死後使徒たちによって行われた宣教の記録である使徒言行録、パウロをはじめとする使徒たちが各地の教会に書き送った手紙からなる使徒書簡、およびイエスの弟子であるヨハネの名をもって天から示された啓示として記録された黙示録から成る。まず、福音書に記録されているイエスの障害者に対する姿勢からみていく。

イエスが種々の障害者に対して行ったことは、おもに奇跡、すなわち障害の癒し、ないし治療である。このことから、イエスもまた障害者をそのままでは「汚れた」存在とみなしており、それゆえに彼らをその心身の障害から解放することをもって救いの技を行った、との解釈が当然成り立ちうる。カトリック信徒である金沢淳は、『カトリック新聞』紙上で概略次のような見解を述べている。「同信者のなかには、イエスが障害者に親しく触れ、癒しの技を行ったことを以って、彼は障害者をことさらに愛しており、さらには障害自体を恵みだとしているなどと考える者がいる。これはとんでもない不見識と言わざるをえない。現に、旧約聖書のレビ記には、『障害者は汚れている』と明白に書かれている。イエスは、神の子としての権能によりその『汚れ』の大本である障害を取り除き、彼らを正常な状態へと解放した。それこそが救いであり、そこにイエスの恵が現れていると知るべきである。(3)」

この指摘は、先に述べた、キリスト教会でしばしば耳にする旧約聖書に対する新約聖書の無縁性や無条件の優越性の主張、また障害当事者や、そしてしばしば非当事者までもが口にする「恵」という言葉の安易さを活写している。しかしここでは、同時に、これらの奇跡に伴うイエスの次のような言動にも目をとめておきたい。まず、イエスは障害者と直接に言葉を交わし（ルカによる福音書18：40）、さらには自らの手で触れている（マルコによる福音書7：33、ヨハネによる福音書9：6）。これらのことは、旧約の律法では汚らわしいこと、さらにはそのようにする人もまた汚れるとして、厳しく戒められていることである。そしてイエスは、このようないわば「治療行為」を、やはり律法では厳しく禁じられている聖なる安息日にも行っている（マルコによる福音書3：2）。これによりイエスは、律法の文言に対する原理主義的解釈を明確に退けている。次に、イエスは奇跡をただ一方的に執行するのではなく、当事者と一対一で向き合い（マルコによる福音書7：33）、その人の意向を聞きただしている（ルカによる福音書18：40）。ここには、イエスが、障害は即汚れであり、すなわち取り除かれなければならないものであるとする一方的で当事者不在の姿勢の持主であるのではなく、すぐれてコミュニカティブな、対話的思考を持っていたことが読み取れる。最後に、イエスは当時広く行きわたっていたらしい、「障害はその人、あるいは先祖の罪の結果である」という通念を否定し、「神の業がこの人に現れるためである」（ヨハネによる福音書9：2―3）と語った。これは、旧来の障害者の存在に対する否定的な見方に対し、きわめて肯定的な解釈を提示し、さらに旧約の律法では認められていなかった障害者に対する神の聖業への参加の可能性に道を開いたものであるとみることができよう。

また、生前のイエスとは直接出会ってはいないが、イエスの死後回心して使徒としての生涯を生きたパウロは、コリント信徒への第二の手紙のなかで以下のように書き記している。

それで、そのために思い上がることのないようにと、わたしの身に一つのとげが与えられました。それは、思い上がらないように、わたしを痛めつけるために、サタンから送られた使いです。この使いについて、離れ去らせてくださるように、わたしは三度主に願いました。すると主は、「わたしの恵みはあなたに十分である。力は弱さの中でこそ十分に発揮されるのだ」と言われました。だから、キリストの力がわたしの内に宿るように、むしろ大いに喜んで自分の弱さを誇りましょう。（コリント信徒への第二の手紙12：7―9）

ここには、障害は汚れなどではなく、神からの試練であり、それゆえにむしろ喜び誇るべきものである、というきわめて積極的な障害観が披歴されている。先にみた、金沢が鋭く非難した「障害は恵」との考え方は、このパウロの言葉に一つの聖書的論拠を置いているとみることができる。と同時に、この文言が、あるいは、先にみた星加の指摘にあるようなキリスト教会にみられる障害者観、すなわち、障害者を「弱者」（たとえ「誇るべき」

と言うにしても）の内に範疇化し、「働きかけの客体としての社会的地位」を当事者不在のまま割り振ることにより、障害者を「無力化」するという傾向を招来する一つの端緒となってしまっていると考えることもできるかもしれない。

キリスト教神学と障害者

キリスト教神学は、聖書、とりわけ新約聖書中のイエスの教えやパウロの思想などを根拠として、二千年来数多くの聖職者や修道者、また神学者や哲学者たちが探究してきた学問の体系である。そのなかでの障害者の取り扱われ方について網羅的に考察することは、無論私の能力をはるかに超える。ここでは、私の知るかぎりにおいて、最近の日本でこの分野で提案された二、三の説についてごく簡単に触れるにとどめる。

●「障害者の神学」と、熊沢義信の「障害者神学」

二〇世紀後半、特に一九七〇年代以降、公民権運動の勃興とともに、それまで神学の傍流にあった非コーカソイド、女性、被抑圧者、民衆などが、キリスト教神学の対象として盛んに取り上げられるようになった。これらの諸種の神学は、しばしば「所有格の神学」、あるいは「属格の神学」と総称されている。そのなかで、障害当事者やその関係者から、障害や障害者に関するキリスト教的解釈や、キリスト教会のなかでの存在意義などについての試論がいくつか提案された。

一九七九年、NCC（日本キリスト教協議会）のなかに、「障害者と教会問題委員会」が設立された。同委員会は、盛んにセミナーを開催し、その中から何冊かの論集が生まれた。その当初の論調は、概略次のようなものだったという。[4]「障害者は心身に、また生活に、不自由を強いられている。しかし、このような存在もまた神の尊い被造物なのである。この世は、障害を持たない者たちのものであるばかりでなく、障害者のものでもあるはずだ。それゆえに、障害者には、その弱さを誇りつつ、その言動によりこのことを世に知らしめし、万民が幸福を享受しうる世界、すなわち神の究極の願いである世界をこの地上に実現するための重要な使命が与えられているのである。」

その後熊沢義信は、このいわゆる「障害者の神学」を修正して「障害者神学」とし、おおむね次のような論を展開している。「神学にあっては、主体はどこまでも神なのであって、障害者ではない。障害者が彼らの言動によってこの世に指針を与える以前に、神が障害者の存在そのものを通してこの世に警告を、否、恵みを与えているのである。障害者はその天与の無力さにより、マタイによる福音書5章3節以下の『幸いなるかな』の実像を万民に身を持って示してくれている。自分の能力を誇る者ども、またそのような能力を崇めるこの世は、挙げて彼らをこそ仰ぎ見、己の傲慢、罪深さを悔いるべきなのである。」

●清水窕子の「代理苦難論」

また、病身の兄弟を持つ清水窕子は、長年の煩悶の末におおよそ次のような結論に至ったという。「なぜ私ではなく、彼がこのように苦しまなければならないのだろうか。いや、私もまた彼でありえたはずだ。私の受けるべき苦難を、彼が代わって受けたのだ。ちょうど、すべての人の罪を、何の罪もないイエスが代わって受け、十字架を負ったように。」

熊沢や清水、また同様の説に立つ人たちは、障害者や病気に苦しむ人たち、またアウトカーストとされている人たちを「弱者」ないしは「受難者」と位置づけ、彼らが信仰の中心に置いている十字架上の贖罪のイエスと同一視しようとしているかにみえる。これは、先にみたパウロの「力は弱さの中でこそ十分に発揮される」とする論の一つの展開とみることができるかもしれない。しかし、パウロの言う「弱さ」とはどこまでも自分自身の内のものであるのに対し、熊沢や清水らのそれは、そのようなものを持つと認定される、ある範疇に属する一群の人々のもの、ないしは「弱者」それ自体を指しているということは、見過ごしてはならない重要な相違点であるということを、ここで付記しておきたい。

●橋本宗明の「障害の神学」

これに対して、長年「カトリック障害者連絡協議会」の会長を務めた橋本宗明は、障害、および障害者について独自の論を展開する。彼は、概略次のように言う。「全知・全能の神の手に成るこの世界の森羅万象は、神が完全であるがゆえに、まったくの必然のもとに組みなされている。そして、あらゆる人にそれぞれ与えられているすべての物は、愛なる神の賜物であるがゆえに、みな恵みである。したがって、ある特定の人たちの持つ障害もまた、必然にその人に与えられた神よりの恵みだとみるべきである。しかし、人にはやはり神の恵みとして自由意志が与えられている。もし、この苦難を伴う障害という恵みを自由意志によって拒むならば、障害はその人に対して恵みとしては届くことはない。しかし、もしそれを恵みとして神の手から受けるならば、その試練は恵みへと聖変化[5]するのである。[6]」橋本はこの説を、「障害の神学」と呼び、先にみたプロテスタント系の人たちの説く「障害者（の）神学」と区別している。

この説は、アウグスティヌス以来の伝統的なカトリック神学の流れを汲むもののように私には思える。これは、これまでにみた「障害者（の）神学」や「代理苦難論」のように、障害者をひとまとめに「弱者」として範疇化することから免れている。また、イエスが奇跡を行う際に見せたコミュニカティブな姿勢にも通じるものが感じられる。しかし、ここには障害をただに「甘受すべきもの」とする、受け身的でやや静的な見方が見られないだろうか。

さて、これらの障害（者）にまつわる神学的試論は、前述した「所有格の（ないしは属格の）神学」と呼ばれるキリスト教界の思潮のなかから生まれ出たものである。しかし、同じくその流れを汲む「解放の神学」、「民衆神学」、「フェミニスト神学」などが、それぞれ旧来のキリスト教神学に一石を投じ、幾多の議論のなかで練り鍛えられてきたのに対し、これらの障害者を対象として模索された神学は、もっぱら障害当事者や関係者、また少数の関心ある人たちに、しかもたいていの場合一時的に取り扱われるにとどまり、キリスト教神学の本流に食い込むことはなかったように、私には思える。言ってみれば、プロパーの神学者たちは、このことについて一定の理解や関心は示しながらも、総じて遠巻きに眺めていた感がある。これもまた、星加が指摘しているような、キリスト教一般にみられる、障害者に対する当事者意識の希薄さ、また膠着した範疇化や役割分担といった傾向に由来するものなのだろうか。

キリスト教会の中での障害者

本項では、全盲の障害を持ち、日本聖公会[7]に属するキリスト教信徒である私自身の体験から、ごく主観的におもに日本のキリスト教会内での障害者の遇され方の傾向について述べ、教会のなかでの、また一般社会のなかでの障害者といわゆる健常者、さらには一般に人々の間での良好な関係のあり方について考える。

●キリスト教会の障害者観

キリスト教会のなかで持たれている障害者観は、基本的に一般社会のなかでのそれとまったく変わらないように私には感じられる。私は、拙著『バリアオーバーコミュニケーション』[8]のなかで、一般に持たれている（視覚）障害者像を以下のように三つに分類した。

無能型　障害者の持つ物理的、あるいは局所的な欠損ないし不自由を、全身、さらには全人格までも蝕むものとみなし、よって障害を持った人を総じて「劣った者」と感じてしまう傾向。たとえば、視覚障害者は、いわゆる「晴眼者」が急に目をつぶった時ほとんど何もできなくなるという実感から、しばしば自力では何もできず、また何も知らない「闇の住人」とみなされてしまいがちである。

エイリアン型　障害者は、障害を補うためにほかの感覚や能力が異様に発達しており、常人には超能力としか思えないほどの力を持つに至っているとみる考え方。また、常に想像を絶するほどの努力をしている「根性の人」とみなす傾向。

セイント型　障害者は、常にひたむきに生きようとけなげに努めており、自分の苦しみの分、他の人の苦しみにも共感できる優しい心を持っているとする見方。特に視覚障害者に関しては、世の中の汚いものが見えないために、幼子のような純粋できれいな心を持ち続けることができるという神話が語られているようである。

さらに私は、ここから来る障害者の遇され方の特徴を以下の七つにまとめた。

①門前払い　始めから「無理」とみなされ、さまざまな機会から除外される傾向。

②授益者対受益者　ほとんどあらゆる活動において、「健常者」を主体、障害者を客体として対応する傾向。

③大目に見られる　「障害者なのだから、多少不備はあっても、これだけできていればいいだろう」という対し方。

④大目に見させられる　「これだけ特別に配慮しているのだから、それ以上望むな」という対し方。

⑤子ども扱いされる　年齢相応の尊重・尊敬が払われない傾向。

⑥プライバシーの軽視ないし無視　「障害ゆえの不自由は、個人のプライバシーより深刻な問題である」との考えから、障害者の私的生活や個人情報がないがしろにされてしまう傾向。

⑦人間的魅力の埒外に置かれる　「障害者は生きているだけで精いっぱいであろう」とする見方から、おしゃれ、見栄えの良さなど、いわゆる二次欲求とは無縁のものとみなされる傾向。

キリスト教会のなかでも、これとそっくり同じ光景が展開する。たとえば、一般社会にあっては障害者は「大変だろうから」との配慮からしばしばさまざまな責任を免除されるが、こうした「免除という名の排除」は、同様に教会のなかでもみられる。例を挙げれば、各個教会の運営の任に当たる教会委員に、障害者信徒が選出されることは稀である。また、礼拝中の聖書朗読などの役割からは、障害者は不文律のように除外される（たとえ点字の聖書が備えられていても、点字使用者がそれを用いて奉仕に当たることは、照明が暗い時など特別な場合に限定されることが多い）。日本のカトリック教会には、視覚障害者の聖職者が一人もいないと聞く。現象として見るかぎり、先に挙げた旧約聖書レビ記の規定にそれほど抵触しない状況が、今日のキリスト教会のなかでも展開しているということになろう。

さらにこれが、キリスト教の教理をなんとも屈折したかたちで反射しているように私には見える。会衆席から、説教壇から、また関係の刊行物のなかから、しばしばこんな声が聞こえてくる。「あなた方は神様から大きなお恵みをいただいているんですよ」、「あなた方は苦しみの分だけ罪を許されていて、私たちなんかよりずっと神様に近いんですよ」、「障害は、神からの賜物です。ここにおられる◯◯さんは溢れんばかりにそのお恵みを受け、日々戦いながらみごとにご自分の障害を克服していらっしゃるのです。私たちも見習いましょう！」、「神は障害者の側に立っておられる。いや、障害者のためにこそおられるのだと言ってもよい。神は、それほどに障害者やあらゆる弱者を偏愛しておられるのだ」。そして、あたかも「天に宝を積む」かのように、進んで障害者に奉仕しようとする。しかしこの場合、障害者はどこまでも客体として「障害者」、ないしは「ああいう人たち」という集合概念の内に閉じ込められ、それぞれに名字と名前を持った一個人として「私たち」の輪のなかの一員として認識されてはいない。そして、ことは往々にして正しく「授益者対受益者」の図式のなかで、当事者不在のまま一方的に行われる。星加がキリスト教的社会福祉のあり様に対して突きつけた指摘は、残念ながら今日もなおキリスト教会にあって、また信徒個人のレベルにあっても正鵠を射たものとなっているのである。

●私の障害（者）観

「障害とは何か？」この問いに対しては、さまざまな応答がなされている。そして生理学、心理学、教育学、社会学、また文化人類学などの立場から、このことに関する学術的な研究が積み重ねられ、豊かな実りをもたらしている。私はこれらすべてにおいてまったくの門外漢であり、どの一つに対しても仔細に検討し議論を挑むことはできないが、漠然とした印象として、それらの多くが、障害、あるいは障害者を対象として、そのことが個人にどのような影響を与えるか、またそのゆえに今日の社会のなかで当事者たちはどのような生きづらさを強いられているかといった静的で一方向的な姿勢に終始しているように思える。私は、障害者の存在が共同体内に発生させる心理的、あるいは何らかの磁場のようなものに着目し、それが共同体の全体にどのような（そして願わくは、どのようにすれば良好な）影響を与えるか、またそのようにして変えられた共同体がその成員である障害当事者にどのように（そしてやはり願わくは、どのようにすれば良好に）働きかけるかを、動的でコミュニカティブな発想で考える研究があってもよいように思う。

「障害は個性である」という意見がある。私はこれに与しない。むしろ私は、「障害は個性の材料となりうる」と言いたい。自分の持つ障害を利活用して個性へと育て上げ、それを用いて自らの内に深い人格を養っていくか、あるいはそれを「不幸」と決めつけてしまうかは、その人個人にまったく任されている。同様に、障害者を成員として持つ共同体は、その人を震源地として発せられる心理的、あるいは何らかの特殊な磁場を利活用し、その人を人材として用いて共同体内に濃密な絆を築き上げ、障害者不在の共同体には見られない好ましい特徴を得るに至るか、あるいはただに「お荷物」として放置したままにしておくかは、一にその共同体の選択に委ねられる。そしてもし万民のあらゆる生の営みが幸福の追求を志向しているのならば、個人においても、また集団においても、後者よりも前者のほうが望ましいということはあまりにも明白であろう。

　これをキリスト教の文脈で言うならば、以下のようになる。私は、障害、即神の恵みとする橋本の意見には同意しかねる。しかし、いわば神とのコミュニケーションによりこれを恵みとして受け取ることができる（これを聖変化とは言わないまでも）という点において、彼の意見に賛成する。[9] 同様に、教会内でも、障害者をただに「自分ではないだれか」として「健常者」集団の埒外に置き、特定の役割を割り振ることにより「無能化」してしまうか、あるいは貴重な人材として十全に利活用するかは、やはり各教会が自ら選び取らなければならない。そして、もしイエスの宣教の目的が、神の願う全人類の幸福の達成であるならば、やはりその答えはあまりにも明白であろう。

結論──障害（者）の相対化に向けて

私は、個人のなかの障害も、また共同体（一般社会であれ、教会であれ）のなかの障害者も、マタイによる福音書の24章14節から30節のイエスのたとえ話に言われているタラントンのようなものだと考える。タラントンとは、古代ギリシャの貨幣単位であり、才能を意味するタレント（talent）の語源となっている。ある主人が僕（しもべ）たちにおのおののいくばくかのタラントンを与え、それを上手に利活用していくらかでも増やした僕（しもべ）たちには賞賛を惜しまなかったが、失うことを恐れて地中に隠しておいた僕（しもべ）は厳しく叱責したというのである。そして「神の国はこのようなものだ」とイエスは言う。もし星加がキリスト教の社会福祉に対する姿勢について行った指摘が、キリスト教会あるいはキリスト教信徒全般にも妥当するとするならば、今日のキリスト教会は、あるいは除外し、あるいは過度に神格化して祭壇の飾り物とすることによって、障害者というタラントンを十分に利活用しているとは言えず、未だ地中に埋めたままだということになり、それゆえに神の叱責、否、悲しみを免れ得ないということにならざるをえない。

しかし、障害・障害者だけが、神のタラントンなのではあるまい。だれもがさまざまな形でそれぞれに神からタラントンを与えられているはずだ。だとするとこの星加の指摘は、単にキリスト教のなかでの障害者の捉え方だけでなく、障害者をも含むすべての人が己の内なるタラントンを見る姿勢に、またあらゆる共同体内でその成員の一人ひとりがどのように遇されているかということにも突きつけられているのだということになるのではないだろうか。障害者はそのことがきわめて露骨な形で現象化しているがゆえに、ある意味でこのことに気づきやすい「恵まれた」環境にあるということができるかもしれない。と同時に、ただに障害者ばかりをchallengedと称する「健常者」に対しても、すべての人がそれぞれに神から与えられたタラントンをいかに利活用するかが問われているchallengedなのだということに気づかしめる格好の道標ともなりうるかもしれない。

このようにして、私が本稿執筆の過程で至った、障害、および障害者に関するキリスト教の文脈での一つの定義は、次のとおりである。

障害（者）とは、神と人、人と人との関係回復（religio）を促すきわめて特殊かつ露骨なかたちでの一つの動因（drive）である。

文献・注

（1）星加良司：『障害学とは何か』　福音と世界　六一（二）：一二―一七頁、二〇〇六年

（2）本稿で引用する旧・新約聖書は、すべて日本聖書協会１９８０年発行の『新共同訳聖書』に依った。

（3）『障害が「恵」とは教会の真の教えなのか』カトリック新聞　二〇〇九年一二月六日号
（4）この辺りの事情については、二〇〇六年五月一九日に清水ヶ丘教会で行われた「神奈川盲人キリスト信仰会・春の集会」における、新井栄子の「『神の業がこの人に現れるため』考」に多くを負っている。
（5）カトリックで、ミサの中で、司祭の聖別の祈りにより、パンと葡萄酒がイエス・キリストの肉と血に実体変化するという説による。
（6）二〇一〇年一一月一五日に行われた「『障害は恵みか？』を問うシンポジウムにおける呼びかけ人の所見」（未刊）中の、橋本宗明による「『障害は恵みか？』をきっかけに」より。
（7）英国国教会の流れを汲むキリスト教の一教派。主に、イギリスでは Anglican Church、アメリカでは Episcopal Church と呼ばれている。
（8）堀越喜晴：『バリアオーバーコミュニケーション―心に風を通わせよう―』サンパウロ出版、二〇〇九年
（9）二〇一〇年一一月一五日に行われた、「『障害は恵みか？』を問うシンポジウムにおける呼びかけ人の所見」（未刊）中の、堀越喜晴による「『障害は恵みか』という問いに対する私の見解（覚書）」参照。

著者プロフィール
堀越喜晴（ほりこし・よしはる）
所属団体　日本キリスト教文学会、C.S.ルイス協会、「言語と人間」研究会
職位　明治大学政治経済学部講師、立教大学講師、相模女子大学講師
専攻　言語学・キリスト教文学

第五章 〈インタビュー〉家族の障害受容を考える

親は受容しても治ることをいつでも願っている

渡邊　芳之
聞き手　田島　明子

田島　私自身は障害を持つ当事者の方の障害受容について考えてきました。渡邊さんの文章を読ませていただいて、最初に親の障害受容と当事者の障害受容との違いについて書かれてありましたが、そのあたりから確認させていただけたらと思います。

まず、親の障害受容を考える意味や意義について最初に確認させていただきたいと思います。その後に、渡邊さんが原稿に書かれたことについて詳しくお聞きしたい部分もあります。たとえば、障害受容できていない親、適切なケアを受け入れない親が悪い位置づけになってしまうことがあるという点などについてです。

私はある養護学校の先生から講演依頼を受けていて、やはり渡邊さんがおっしゃっていることと同じで、適切なケアを受け入れることができない親御さんがたくさんいて困っているそうなのです。本来、自立と社会参加が大事なのに、親が子どもの足かせになっているのでどうしたらいいか教えて欲しいと聞かれます。

☆ 支援者の考える幅の狭いケアとそれを邪魔する障害受容できない親という布置

渡邉 そうでしょうね、それは本当に現場で起きていることです。それこそ、小学校の特別支援学級に入ることを勧められても、親が自分の子どもの障害を認められず、特別支援学級に行かず、通級[*1]でもなく普通学級にそのまま通わせたりします。そのうちに段々とトラブルが起きてきて、先生も困り、もちろん子ども自身も困るわけです。これは親が障害受容できないために子どもに対する適切なケアが行われない例です。

そこで、どのように親を説得し、親の障害受容を促すかという問題意識が現場にあるのです。原稿にも書きましたが、私などは学校の先生方からみれば非常に理解のあるいい親なのです。私は自分の子どもに言語の遅れが出てきた頃からこれは障害かもしれないと思い、三歳になり障害があると判断し、あまり迷うことなく療育[*2]に通わせました。それどころか私たち夫婦は普通学級に行かせること自体あまり望んでいませんでした。最初のうちは普通学級への通級がかなりあったのですが、子どもにとってはそれがストレスで、特別支援にいれば落ちついて毎日楽しく学校に行くので、通級しないほうを望むようになりました。行事や学習発表会、運動会などでも無理に普通の子と一緒にやらせないことを希望しました。

普通なら先生方が、今回は学習発表会は無理そうだからと親を説得する場面で、私たち夫婦はむしろ先にお断りをしていました。先生方も苦労しているという思いがありました。そういう意味では私自身は障害受容できた良い親として過ごしてきました。ですが、これも原稿に書きましたが、そのことに対する後悔のような思いも多少あります。

私の子どもは、三男が今一〇歳で特別支援を受けていますが、次男も少し発達障害の診断を受けており、中学校はずっと休んでいました。四月から半分通信という面白い高校に行っています。星槎《せいさ》大学が運営している高校です。そこに通い始めたので一歩前進できました。ただ、私は心理学者でありスムーズに障害受容をしてきましたが、周囲を見ていて思ったことはたくさんあります。そのうえ、私のような立場だと、時には学校の先生方から障害受容できないお母さんがいるのですがどうしたらいいですか？　と聞かれることすらあります。そこでやはり専門家としての自分の役割を考えましたが、同時に違和感も持ち始めました。その違和感の中心にあったのが「正しいケアのあり方」というものが支援者のなかで幅の狭いものとして決まっており、支援者はその決まったケアのあり方が当事者である子どもにとっても幸福であると信じているということです。そして、その幸福な関係を邪魔する存在として障害受容できない親を問題視するのです。

現場を見ていると、おじいちゃん、おばあちゃんも障害受容できない存在であったりします。たとえばお母さんがある程度受け入れ始めても、お父さんが受け入れられない。お父さんが受け入れられないことの背後にはおじいちゃん、おばあちゃんが受け入れられないということがあります。うちの孫が障害者だなんてありえないと感じるのでしょう。そのような時、「あなたの育て方が悪い」など、親は悪くは言われてもサポートはしてもらえていないことが多いのです。特にお母さんは、家族からは「子どもに障害があるなんて育て方が悪い」と言われ、支援者からは「障害受容できないから適切なケアができない」と責められてしまったりします。そういう言い方をする支援者もいれば、もっと遠回しに言う支援者もいます、もっと優しく言う支援者もいますが…。いずれにしても支援者側からは何らかの障害受容を求められるわけです。

（注）
＊1　通級：普通学級に所属して必要に応じて特別支援学級に通うこと。あるいはその逆。
＊2　療育：障害を持つ子どもが社会的に自立することを目的として行われる医療と保育事業。正式名称としては児童発達支援事業。

☆親が障害受容してなくてもきちんとケアが受けられる仕組みがあるべき

田島　**障害受容していないと支援の網の目からはずれてしまうということですね。**

渡邊　現実的にはそうです。だから、支援者が親に対して障害受容を求めるのは正しいといえば正しいと言えます。少なくとも現状では療育手帳や福祉サービス受給者証を所持していなければ受けられないケアがたくさんありますから。ですが、療育手帳の取得条件に親の障害受容があるようになっていることはおかしいのではないかと引っ掛りを感じます。むしろ親が障害受容をしていなくてもきちんとケアが受けられる仕組みがあってしかるべきではないかと思うのです。

私などは専門家で、以前は児童相談所の発達障害を担当していたこともありますので、いろいろなケアやサービスについても知っているので受けられますが、それを受けられない人たちがおり、また、それを受けられないことの責任が、すべて親または家族が障害受容できていないことに被せられてしまうというのはやはり何か違うのではないかなと感じます。

身体障害を持つ人は自分の人生を自分で考えることができますが、特に知的障害の場合、重度になればなるほど障害受容を自分の問題として捉えにくいと思います。支援者はその代行を親に期待するわけです。私は精神障害の親の会にも関わらせてもらっていますが、やはりそこでも親の障害受容が主なテーマになっています。発病から二〇年間一度も病院へ行かないで家に閉じこもっている人がおり、これは誰が悪いのか？　親が悪いのか？　と。確かに親も悪いかもしれませんが、ただ親の責任として放っておいていいのだろうか？　ということなのです。

☆　親は自分の障害受容の正しさや子どものためになるかを常に考えないといけない

田島　やはり親の立場というのは責任が重いということでしょうか。

渡邊　原稿にも書きましたが、当事者であれば、どんな受容のしかたであろうと本人がすることなので文句の言いようがないわけです。当事者本人の障害受容には正しい受容も間違った受容もないですよね。しかし当事者家族の立場は、自分の受容が正しいのか間違っているのかを常に考えないといけないのです。自分たちの受容のしかたが子どものためになるのかならないのかを…。

私の家族の場合、三男が小学校五年生なのですが、中学校へ親が話を聞きに行ったりすると、特別支援学級の話になります。今は中学校でも特別支援のクラスがすごく増えており、子どもが行く中学校にも情緒障害のクラスと知的障害のクラスがあります。

子どもはIQ八五程度なので必ずしも知的障害のクラスでなくてもいいのですが、今までの経緯から知的障害のクラスに入れてもらっています。本人にとってそれがいちばん落ち着くのです。しかし中学で知的障害のクラスに入ると、その後の進路は高等養護学校に決まってしまい、一般の高校に進学することはできなくなります。つまり一般の生徒たちと同じような勉強は一切できないということです。情緒障害のクラスは普通学級の授業も受けられるので、一般の高校進学もあり得ます。

知的障害のクラスへ行ったら一般の高校への進学はまずできないものと小学校の先生から言われました。これはもちろん今通っている学校独特の説明のしかたかもしれないので、一般的にどうなのかわかりません。この時に私たち夫婦はどういう障害受容をしたら子どもにとって良いのでしょうか。子どもは自閉症なので一般的には情緒障害のクラスになることが多いのですが、普通学級へ通級しながらではうまくいきませんでした。一般の子どもたちとのコミュニケーションがうまくいかないのです。しかし、将来一般の高校へ進学することも考えたら情緒障害のクラスに行ったほうが良いのか。あるいは毎日学校へ通うときの安心や楽しさを大事にして知的障害のクラスへ行き、高等養護学校へ入るほうが良いのか。決して高等養護学校が悪いとは思っていないのですが、進路の選択肢としてはそれだけになってしまいます。

どちらが良いだろうかと考えた時に、本人は選べないですから、学校からも親が選ぶように言われますし、親の責任で選ぶことになります。どちらかを選ぶ時に、まさに私たちの障害受容のしかたが問われるわけです。もしかすると、まだ一般の高校へ行って普通の人生を送ることができるかも知れないと考え、障害受容できていない親になるべきか。または、障害とともに生きていくことを決めて高等養護学校へ行くルートを選ぶという障害受容のしかたをするのか。

どちらを選択するのが正しいのかわからないのです。そして、この責任が親にだけ被さってくるのです。これは本当につらいことです。その時に本人の意見が聞ければ良いですが、もし一〇歳の自閉症の子どもに聞いたら、きっと一般の高校に行きたいと言うだろうと思います。しかしそれは難しいかも知れないと親は思うのです。親が障害受容しないほうが子どものために良いかも知れないのです。

自閉症は後に治ったと言う人がたくさんいます。自閉症で小学校入学時にＩＱ六〇〜七〇程度だった子どもが、中学生時に健常に近いところまで良くなり、一般の高校に行ったような話もよく耳にしますので、親としては諦めたくないわけです。私はもしかしたら、将来、子どもから責任を問われるかもしれないのです。あの時お父さんがした選択のせいで僕は今こうなっている、責任を取って欲しいと。現実に起きていると思います。その親の責任は重すぎないかということをすごく感じています。しかし現状では受け入れるしかないのですが。

☆選択肢のないサービスを受け入れないと「障害受容できていない」となるのはつらい

田島　しかし支援者の立場の人が勝手に決めてしまうというのも困るわけですよね。

渡邊　そうです。私は障害受容を求められるのはおかしいと言っていますが、支援者が勝手に決めてくださいとも思っていないです。その中間にちょうどよいところがきっとあるはずだと思うのです。

支援者の皆さんは障害受容を大事に考えることで、当事者や当事者家族の気持ちや意志を大事にしているだろうと思います。ただ現実的に見ると支援のバリエーションがないのです。たとえば、障害受容のあり方が八種類あって、この中から選んでくださいというならまだマシです。でも普通は一種類かせいぜい二種類しかない。地方に行くほどそういう傾向になります。東京で発達障害のある子どもを育てる際には選択肢が多くて羨ましいです。同じようなサービスを提供している施設がいくつもあります。しかし私が住んでいる帯広では一つしかないのです。帯広市内の発達障害の子どもを全員集めても数百人程度しかいませんからその数百人の子どもたちのために二つも三つも施設を作りません。そうなると一つしか提供されないサービスを受け入れるか、受け入れないかという選択になります。そして受け入れなかった場合に「障害受容ができていないからだ」となるのはつらいことです。

☆親の抱えている事情はすごく豊かな文脈だが障害受容というシンプルな枠組みで無視される

田島　実際にそういう文脈になったりするのですか？

渡邊　そのようにはっきりと言われないですが、そういう雰囲気があります。ただ微妙なのは、自分のなかでもそう思うこともあるのです。ケアを受け入れない親御さんを見ていると、どうしてこの人は「障害がない」と言い続けるのかと思える節もあるのです。障害と認めれば安価でサービスを受けることができるのにと。

子どもが通っていた療育は朝十時から夕方の四時くらいまで子どもを見てくれていました。たとえ保育園や幼稚園に入れなかったとしても、そこで預かってくれるので、親御さんは働けますし、値段も安いです。選択の余地はありませんでしたがケア内容は大変満足できるものでした。ですので、皆さん障害だと認めてここへ来ればいいのにと思う自分もいるわけです。

ですが、私の場合はいろいろな点で良い条件が揃っていると思います。まず私の両親はすでに亡くなり、妻の母親は長野県に住んでおり離れていますので、夫婦だけの判断で決められました。もし両親が一緒ならそうはいかなかっただろうと思います。障害のある子どもの親が抱えている事情のすごく豊かな文脈が、障害受容というシンプルな枠組みのなかで無視されてしまうのは良くないと感じます。

☆心の改善を支援者側が親に求めること、これが「障害受容」問題の核心

田島　渡邊さんが原稿の最後のほうに書かれている文章がすごく印象的でした。のぞみさんに対して「こんな世界から自由になれ」と渡邊さんが呟いたという場面です。

渡邊　私は障害受容をしている立派な父親だと思います。ですが、息子が自分の手元を離れてほしいと思うことはあります。鳥になったらもう自分の手元からはいなくなるでしょう。飛んでいけば本人も自由になれます。息子は一〇歳になりますが、これまでも、本人と親との関係で、障害が原因となったいろいろなトラブルやつらいことが満ちていたわけです。

息子はほかの子の気持ちや空気感をまったく読めないのでいろいろなトラブルが起きるのですが、そうなると私たちも子どもを叱ります。学校で先生からも叱られます。叱るほうは面倒くさいし、つらいし、叱っても良くならない。私は自分の専門で行動形成という

考え方[*3]がありますから、そういう点で少し積極的な対処ができますが、そのような知識を持たない一般の親だったらそういうこともないでしょう。ＡＢＡ[*4]の施設が帯広に一軒あり、相談しながらやっています。いろいろな支援があるのでなんとかやれており、それ自体はありがたいと思っています。ＡＢＡとかＴＥＡＣＣＨ[*5]の先生は障害受容ということを言わないのが良いです。行動の話しかしないのです。私も心理学者としては行動主義[*6]の心理学者です。

身体障害ならその障害に伴って起きるトラブルがその人自身の心の問題とは誰も思わないですよね。シンプルに言うと、歩けないことを気の持ちようだとは言わないでしょう？しかし、知的障害や精神障害、発達障害ですと、それは全部気の持ちようだとされます。学校の先生もそのようなことを言います。「○○君がもう少し人の心がわかるようになってくれるように指導していきたいと思います」と言うのです。それを聞くと「そんなことできるわけがないだろう」と私は思うのです。むしろ日常生活に支障がない行動形成をして欲しいと思うのです。しかし学校教育の世界の発想はメンタリズム[*7]なので、まず心が良くなる、心が良くなると行動も良くなる、という順番で捉えています。一般の人も皆そのように考えているのでしかたがないとは思います。

発達障害の子どもに対して、心を良くしようというアプローチには何の意味があるのでしょうか。しかも、心を良くしようというアプローチと障害受容のアプローチは根底でつながっていると思うのです。つまり、障害を持つ人の心が良くなることによってＱＯＬ（Quality of Life：生活の質）が上がるという論理です。心の持ちようが良くなり、それによりＱＯＬが上がることが自然発生したのなら良いと思うのですが、ケアの一環として、あなたの心が改善されるとＱＯＬが上がるから心を改善しなさいと言い出されたらおかしいと思うのです。

このことを学校の先生たちに話をしたら「ぽかーん」とされてしまいます。「いえいえ、心の問題ですから」と言われてしまいます。若い先生は変わってきていますが、みんながそうではないです。

私くらいの年代の小学校の特別支援を持っている人は、そもそも特別支援学級に特別支援とか養護の免許を持っている先生がほとんどいない。北海道はまだ一割くらいです。今北海道庁は二割を目標にしているくらいです。だから、一般の先生だった人が何らかの形で特別支援の先生になられているのです。先生方もかわいそうです。特にある程度の年齢になってから急に特別支援を任されると。定年の一年前に特別支援に行かされるということもあるようです。先生が学校に来なくなってしまうのです。先生の不登校です。なりますよね。

何が問題かというと、それ（田島追記：心の改善）が他人から求められることです。障害受容の問題のいちばんの核はそこだと思います。本人が障害受容することについては何の文句もありません。かつ、本人がする障害受容に正しい障害受容も間違った障害受容もないと思います。しかし、「あなたは障害受容をして、これから障害とともに幸せな人生を送りなさい」と周囲がお膳立てし始めると途端に気持ち悪いものになります。

「あなたは障害受容できていないから不幸せなのであって、もっと自分の障害を積極的に受け入れて幸せな人生を送るべきだ」と障害を持つ当事者に言うことはありうるのでしょうか？

田島　**直接本人には言わないですが、本人がいない会議の場で言われたりします。**

渡邊　これが親に対してだと、みんな当たり前のように言うわけですよ。「お母さんが息子さんの障害をきちんと受容して息子さんのためにどうしたら良いかを考えてくださることで、初めて私たちは息子さんのケアを進めていけるのです」と親は言われるのです。実際に親が言われている場面を見たことがあります。おそらく障害を持つ本人に対して「障害受容をしろ」と指図をしたら差別だろうと誰もが思うのだろうと思います。しかし障害を持つ子どもの親にそれを言うことを障害者に対する差別だとは思わないのでしょうね。

田島　**むしろ親には子どもに対する責任が当然あるし、それを引き受けるのが親の役目で**

あると思いがちですね。

渡邊　親が自分から子どもの障害を受け入れてケアに対して積極的になることは何も悪いことではないですし、実際に、それが子どもの将来にプラスになると思いますが、しかし周囲が強制することにあまりにも無頓着ではないかと思います。

田島　確かに障害を持つ当事者の方に直接言うのは憚られることだと思います。

渡邊　本人に言うのは人の道として言いづらいでしょう？　しかし、親に言うことについては、誰もが人の道に反するとは思わないし、むしろその時の支援者の頭の中では、人の道に反しているのは親のほうという発想があるのだと思います。

これは私が言われたことですが、「子どもの障害は個性じゃないとか、そんな素晴らしいものじゃないとあなたは言うが、子どもがかわいそうだ。もっと子どもの障害を受け入れて、障害は個性だ、障害のある人生も素晴らしい、そういうふうに考えたらどうですか」と。しかしそういった人も「あなたの子どもを障害者にしたいですか？」と聞かれたら「はい」とは答えないでしょう。「はい」と答える人はいないのではないでしょうか。そこは超えられないと思うのです。

（注）

＊3　行動形成という考え方：行動上の問題を行動理論に基づいて解決していく方法。

＊4　ＡＢＡ：応用行動分析。オペラント条件づけの理論に基づいた行動の改善。

＊5　ＴＥＡＣＣＨ：自閉症および近縁のコミュニケーション障害の子どものための治療と教育。

＊6　行動主義：人間の行動を環境との相互作用から考える立場。

＊7　メンタリズム：人間の行動を心の働きの結果とみる考え方。行動主義とは対立する。

☆親の障害受容が必ずしも冷静な判断や善意ではなかったりする

田島　障害を持つ当事者の方は、親を障害者運動で自分たちの障害を否定的に扱い、時に殺しにかかってくることもある存在とみなしてきた経緯があると思います[*8]。私は障害を持つ当事者の方たちの話を伺ってきたので、親は障害を持つ人にとって、時に敵対的な存在であると受け止めてきた部分がありました。しかし渡邉さんの話を伺っていると、親としての大変さやつらさがあることも見えてきました。ですので、親は当事者と切り離して考えるべきかというと、必ずしもそうではないとも思えます。そのあたり、どのように捉えたらよいのかと思うのです。

渡邉　親子の関係というのは、時に敵対したり、あるいは比喩的な意味ですが、子どもを殺したりすることは健常者でもいくらでもあることです。しかし確かに精神障害の方と親御さんとの関係を見ていると、本当に憎み合っているような、親御さんのほうはそうでなくても、お子さんのほうは―障害受容のあり方にもよると思いますが―「家族みんなして自分を気がおかしくなったとでっち上げて病院へ閉じこめている」と言ったりします。これは、親の障害受容が子どもとの敵対関係を作っていることになります。だから「障害受容をしたから幸せ」というわけではないことを強調したいのです。

原稿に少し書きましたが、次男は中学一年の終わりから学校へ行かなくなりました。私でも、最初の二日間は無理やり玄関から押し出したのですよ。

しかしやはり行けない。その時点で、私は、これは不登校であると判断しました。不登校なのだから無理やり登校を強制してはいけない、不登校の場合は対処として適応指導教室などが自治体によっては用意されているので、しかるべき施設に通うのが一般的であろう、と考えました。

すぐに私は学校の先生を通して市役所へ連絡を取ってもらい、すぐに適応指導教室に行きますと言いました。息子には大きくなってから聞いてみようと思いますが、その時、一三〜一四歳であり、学校へ行かなくてよいことの交換条件として適応指導教室へ行かなくてはいけないと思ったようなのです。学校へ行かなくなり二週間目から息子は母親に送られて適応指導教室へ通い始めました。しかし簡単に予想できることですが、しばらくすると行かなくなるのです。

その時、私は「これは早すぎた」と思いました。これは私の障害受容のしすぎです。学校へ行かない状態をしばらく味わう時間をなぜ息子に与えてやれなかったのかと。これは私の障害受容のしすぎです。冷静に考えれば、休み始めて数週間、余裕を持ち二～三か月程度は、不登校なのか、ほかの何かなのかの見極めに時間を要するはずです。その時自分は冷静ではなかったのだと思います。その時自分は焦ったから障害受容をしたのです。自分はすでに状況を受け入れてしまい、自分の適応のあり方として、息子は不登校であるから不登校の定石どおりの対処をしなければいけない、ではまず、適応指導教室へ週2日通わせようという判断になったのです。

親の障害受容が冷静な判断に基づいて善意で行われるとは限らないわけです。先ほど言いました精神障害の当事者の方たちは、それを感じているのだと思うのです。田舎ですと、親の判断によって、警察官が出てきて、精神障害の人を病院に連れて行く例が多いのです。警察官を呼んで、自分の子どもを縛り上げ、病院へ連れて行ってもらうという判断が、冷静で子どものための善意による親の判断かといえば、それより以前にまずは自分たちの生活があるわけではないですか。それと同じことが自分の判断についても後で冷静に考えてみるとあったのだと思います。

学校へ行かなくなった息子がずっと家にいる状態を、妻は専業で家にいますので、妻の問題として捉えていたと思います。妻はすでに自閉症の三男の面倒を毎日みているので、妻の毎日の生活を考えた時に、次男がずっと家にいたらどうか、それでは身が持たないのではないか思いました。計画を立て積極的な対処をすることは、良く言えば障害受容していると言えるでしょう。息子に何らかの障害があることを認め、それに対する積極的な定石の対処をする、もちろんケアも受け入れて、毎週指導者の先生が家に来ることも認める、これは障害受容そのものではないでしょうか。

田島　そうしますと、親が障害受容することが必ずしも本人にとってベストとは限らないわけですね。親にとってのベストかもしれないですが。

（注）

＊8　たとえば、横塚晃一著『母よ、殺すな！』（生活書院、二〇〇七年）には、一九七〇年五月、二人の重症脳性麻痺児を抱えた母親が、当時二歳になる下の子を絞殺した事件で、「障害児二児を抱えた悲劇的な」母親のために減刑嘆願運動が起きたこと、その減刑運動に対して「殺される側」である、特に「青い芝の会」という障害者団体を中心とする脳性麻痺者側から根本的疑問が提出されたことについて書かれてある。

☆ ただでさえつらいのに「障害受容できていない」と言われたらますますつらい

渡邊 そうです。結果としては親としてもベストではなかったのですが、その時の短い期間で見た時には親はそのようにしか適応のしようがなかったのです。これはもちろん特殊な事例ですが、現実に起きている障害受容、特に親が子どもの障害を受容する場面で、そのような適応のしかたがあると思うのです。

それこそ、障害のある子どもを育ててみたらわかりますが、学校の先生や支援者との付き合いがいちばんストレスなのです。だから、学校の先生や支援者とのあいだでトラブルを起こしたくないのです。精神障害の人たちにとっていちばんつらいのが支援者とのトラブルだと聞いたことがあります。要は、相手は善意で言ってくれているのだけれど、自分はそれを受け入れられない事情があり、ただでさえつらいのに、そこで「障害受容できていない」と言われたらますますつらくなるのです。

☆障害を持つ親の夢は
障害と言われることなく普通に暮らせる世界

田島　**障害受容を支援者が対象者に求める時、「できないこと」に目を向けさせ、それを「障害受容せよ」というかたちだと思うのです。そして自分のできなさを自己の責任に結びつけようとしていく。そうではなくて、自分のできなさを自分の経験として認識していくことをゆっくりと待つ姿勢が大事なのではないかと第三章の中西英一さんは書いています。**

渡邊　少し難しい話になりますが、「できないこと」に付けた名前は構成概念なのです。できなさに実体はないのです。何かが「できること」の実体は、たとえば筋力であったり、脳神経の機能であったりします。つまり「できること」には実体はありますが、「できないこと」にはどこにも所在がないのです。ですから、歩けないことの、歩けなさの実体がどこかにあるわけではないのです。そこに欠けているのは歩ける能力の欠如です。それなのに歩けないことに障害という烙印が押され、何か実体化するのですよね。だから障害受容という言葉が使われる時の障害の実体化というのも気になります。

「できない」の文脈のなかには「九九が覚えられない」「他人の気持ちがわからない」

「まっすぐ歩けない」など、すでにリストアップされているうえに「障害受容できない」という、さらなる「できない」がリストアップされるのですね。

障害受容のスタートはやはり「できないこと」の受容であることは間違いないと思うのですが、障害受容という言葉に価値を置いている人たちがイメージする、あるべき障害受容の姿は、最終的に、障害を持ちつつも「できる」ようになったことへの注目であったりしないですか？

田島　確かにそのような話はありますね。障害がありつつも自分の障害を肯定的に受け止め、自分らしくいきいきと生活できるようになったというような話ですね。自分らしくというのは能力の発見であったりしますね。

渡邊　私が障害受容という言葉を聞いた時に典型的にイメージするのは、手足の欠損があるのにスポーツをし、パラリンピックなどで優勝する人です。発達障害のパラリンピックはないです。精神障害のパラリンピックはあるにはあります。しかし私の子どもは列に並べないのです。列に並べない人はスポーツができないですからね。身体障害と知的障害や精神障害のいちばん違うところはそこです。適切な判断や行動が行える障害は、その人自身が自分自身の問題として障害を受容したり、価値転換したりできます。

田島　確かに身体のみに障害を持つ人は、自分なりの意味を見つけていくことができるの

で、それは苦しい作業であったりしますが、障害を肯定的に捉え直したりすることも可能ですね。

渡邉　そうでしょう。しかし知的障害もある自閉症だったりすると、もともと本人に障害の自覚がなければ、障害受容の話自体が始まらないでしょう。

田島　**本人は障害について考える必要がないということでしょうか。**

渡邉　いうなれば、周囲の環境が完全に整い、本人の衣食住に何ら問題が生じないのであれば、本人にとって障害は何らマイナスにならないわけです。

知的障害を持つ子どもの親の夢は、それこそ、そういう人でも普通に暮らせる世界ができて、障害だと言われなくなることです。われわれ発達障害の子どもの親は、発達障害へのバリアフリー化にすごく夢があります。ＡＢＡ的な発想で言えば、学校教育がもっと行動を中心にして環境をコントロールするようになって欲しいとか、あるいは仕事をする場合も仕事の内容がもっと細かく客観的に分節化して示され、「空気を読め」や「自分で考えろ」と言われないで仕事ができる場が与えられたらどんなに良いかと思います。しかしこれらはあくまでも外部環境の問題であり、現状ではその責任がもっぱら親に負わされているのです。

☆専門家と非専門家の認識の異なり
『治るではなく行動改善を是とする』が
親の障害受容に関係している

田島　支援者は責任を問われないのですか？　支援者は支援のメニューのようなものを提示し、選ぶのはもっぱら親なのですか？

渡邊　もちろん説明はしてくれます。この問題は決して支援者の側に落ち度があるとか、支援者の側の仕事が不十分という話ではないのです。それはあったとして別の問題として議論しなければいけないと思います。障害受容に関わる問題は、支援者の提供するケアに落ち度があるとか、不足があるという問題には直接は結びつかないです。もちろん、制度の問題として話す際には、提供できるケアの種類がもっと増えるべきかという議論になります。

目の前に起きていることを考える時、みんなが善意であることがいちばんの難しさで、親が障害受容をすべきと言っている人たちもみんな善意なのです。障害受容したほうが子どものケアが進むからという理屈です。変わってきたとはいえ、未だに早期療育[*9]という考え方が強くありますから、一日も早く障害受容をしたほうがよいとされます。障害受容が一年遅れたらそれだけマイナスも大きくなると。本当なのだろうか思います。

原稿にも書きましたが、発達障害の療育は本当に役に立っているのでしょうか？　私たち夫婦の場合、療育の効果を、効果として受け取れる枠組みが最初からありました。たとえば、息子は自力で靴下が履けるようになり、脱いだものをきちんと片付けられるようになり、挨拶ができるようになりました。そのようなことを私なら「行動的な課題が一つひとつクリアされている」と思います。でもそれは、私のほうにそのように受け取れる枠組みがあるからであり、親御さんによっては、それは靴下の訓練をされているだけであり、治療はなされていないではないかと言います。

私は発達障害の問題は行動の問題と考えているので、行動の改善が発達障害の改善と自然と捉えますが、一般の親御さんたちはそういうことではなくて、言ってしまえばアタマが治ることを期待しているわけです。私たち夫婦はそれは無理だと最初から思っていますす。だから将来自立できるような日常生活の技術が身につくことが療育だと思っていますが、これは専門家の発想であり、全然良くならないといって途中で療育をやめてしまう例もあるだろうと思います。

（注）
＊9　早期療育：障害者を社会に適応させるためには、できるだけ早く療育を開始すべきという考え方。

☆障害受容は心の問題ではなく行為の問題

田島　今回寄稿してくださった村上靖彦さんの文章のなかに（第二章）、支援ネットワークからの孤立が障害受容を迫っている、受容しているか否かは孤立か支援ネットワークのなかに入っているかどうかだと書いてあります。渡邊さんのお話ですと支援ネットワークのなかでは行為獲得が目指されていたりするわけですね。しかしそれはもともとの障害が治ることとはまた少し違うということですね。しかし親御さんが支援ネットワークに期待することは、むしろやはり障害が治ることだったりするということでしょうか？

渡邊　どうでしょうか。ただ個々の行動改善をはっきりとした成果と捉える人はそれほど多くないように思います。支援者は専門の教育を受けているので、一つひとつの行動が改善していくことを支援の成果だとごく自然に捉えるでしょうし、私のように専門教育を受けていれば同じように捉えることができます。かつ、一般の親御さんのなかにもそう捉える人もいますが、そうではない人もいると思います。それこそ療育に行ったら一般の高校に行けるようになるのかとか、療育に行ったら普通学級に通えるのかという問いがあるわけです。私たち夫婦は最初からそのようには問わないですが、問う人は問うと思います。そうではないから効果がなかったという言い方になる場合もあると思います。

田島　**村上さんの寄稿のなかで、妹が重度障害を持っており、母親が看護師という、看護師の方が登場します。その方は、母親が重度障害の娘さんの介護をしている場面を小さいころからずっと見てきたのですが、当初は受け入れ難いものがあったということなのです。しかし自分が母親と同じ看護師の立場になり、いつの間にか障害受容をしているような状態になっていたということなのです。そもそもは母親の行為自体が受け入れ難いものだったわけですが、自分が看護師になり、いつの間にかそれをやるようになっていたわけです。それは行為のスタイルの確立であり、つまり受容は心理の問題ではなく、行為のスタイルの問題ではないかと言っています。**

渡邊　それは実際にそうだと思います。障害受容はあくまでもラベルであって、障害受容をしている人に確立しているものはやはり行為です。発達障害の親の立場で言えば、子どもが毎日どこかへ行くわけです、あるいは子どもが何らかのケアを受けるわけです。そのことと障害受容は不可分です。まず障害受容があって、それからケアを受け入れるという流れとしてみんな捉えるから、どうやって障害受容をしてもらうかと言いますが、現実の受容というのは、おそらく毎日のもうすでに始まっているケアだとか、その厚みや濃さはグラデーションがあると思いますが、何かがすでに始まっていることと並行して受容は進むはずです。

それを心の問題や意識改革のような捉え方をすると間違うと思います。親に障害受容をさせたいという問題意識を持つことは構わないですが、その時にすべきことは説得ではなくて、何かの作業を一緒にやることでしょう。これはわれわれ心理学者が、「正統的周辺参加」などの概念を用いて最近ずっと言ってきたことで、学ぶとか身につけるということが、周辺から参加してだんだん中心に入っていくことによって生じるという考え方で、何にしろ「来てみてね」とか「とりあえず行ってみてね」というやり方はきっと上手なやり方なのです。

やはり特別支援と特別支援にいる子どもたちと親たちというのは一つのコミュニティなのです。そのコミュニティのなかに入っていく感じがいろいろであり、周辺を出入りしている親御さんもいれば、私の家族はずっとそのなかにいます。やはり専業主婦だし時間も取れますので、どうしてもそうなるのです。しかし家族状況もさまざまであり、離婚し父親が一人で育てているお子さんに障害があるような場合、そのお父さんの障害受容のあり方はどうでしょうか。支援者が考えている親のイメージは、両親が揃っており、父親は働き、母親は働いていても比較的時間が取れるというものではないでしょうか。しかしそのようなご家庭ばかりではないですから、そうではない人たちの参加のあり方をもう少し幅広く考える必要があると思います。そこにもバリエーションが欲しいのです。参加のバリエーションです。薄い参加の状態をまだ障害受容できていないという「ない」で捉えるのではなく、それに一歩踏み出している状態を引っ張り込むなら引っ張り込む。障害受容はやはり行為だと思います。心の問題ではなく…。

田島　気持ちの問題というよりは、何かを行うことに意味があると。

渡邊　そうです。身体障害の方の障害受容を考えたときに、「この人は以前とまったく毎日の生活は変わっていませんが、以前は障害受容できていませんでしたが、今は障害受容できています」という話はないですね。障害受容している状態であればその人の日常の生活自体がすでに変化しているはずです。先ほど言いましたパラリンピックに出るような例は、パラリンピックに向けた練習を始めているわけです。そうであれば、本質は行動の変化であって、受容という意識の変化はむしろ結果だと思います。

☆親は行為レベルでは障害受容していても障害が治ることをいつでも願っている

田島　では、いま実際に障害受容していますか？　と聞かれたら渡邊さんはどのようにお答えになりますか。

渡邊　私はまだしていないと思います。これは、障害受容をしていることのポイントが何かによると思うのです。行為のレベルで言えば、私たちは障害受容した夫婦です。しかし、子どもが転んで頭を打ったりすると、もしかして障害が治るのではないかと思いますよ、本当に。治ってくれればと。熱が出たりすると、この熱が引いたときに急に人の気持ちがわかるようになっていないかと本当に思います。繰り返し思っています。

今でも中学生になったらめきめき普通になることを想像します。実際にそういう事例もみていますので。もちろん、今のままで一緒に暮らしていくビジョンは基本に持っており、自分の六〇歳代、七〇歳代は子どもと一緒にいるというビジョンはあり、それを前提にいろいろな人生設計もしているし、最近では、将来、退職後は、発達障害の子どものためのデイケアなどができないかと思い、いろいろな人に相談したりしていますので、そういう意味ではすごく障害受容できているでしょう。自分の子どもと同じような障害を持った子どもたちのための施設を自分が作りたいなんて、ものすごく障害受容できているでしょう。

田島　**障害受容しているとも言えますし、障害受容していないとも言えるような…**。

渡邊　障害受容理論のなかで親の気持ちは螺旋的である[*10]とありますが本当にそうだと思います。次のように思う日もあります。三男だけはずっと一緒にいてくれるわけです。上の二人はきっと私たち夫婦を置いてどこかへ行ってしまいますが、三男だけはいてくれると思うと愛おしいというか、すごくありがたいと感じます。そこで、自分たち夫婦が死んだ後のことを考えるとまた悩みます。そういう日もありますが、逆になんとか治らないものかとか考える日もあります。子どもが大きくなるまでに自閉症の特効薬ができて欲しいとか、遺伝子治療が進んで欲しいとも思います。最近は薬が徐々に効くようになってきたということは、後者の気持ちの時の自分にとっては朗報です。

田島　**そうですか。振り幅大きく揺れ動いているのですね**。

渡邊　受容は行為でもあるし、状態でもあります。かなり揺れ動く状態であると思います。

（注）
＊10　たとえば、中田洋二郎著『子どもの障害をどう受容するか』（大月書店、二〇〇二年）には、「親が子どもの障害を認識する過程を理解するとき、裏表の色の違うリボンを心に描きます。表が障害の肯定を表し、裏が障害の否定を表す色です。そのリボンを巻き、一端を持ってそっと垂らすと、それは螺旋状になって伸びます」（八五頁）、「障害受容の螺旋のリボンに象徴されるように、障害を否定したい気持ちと肯定したい気持ちの両方を抱えながら生活しているのが家族の実情」（八六頁）と書かれてある。

☆　親の心の重荷には大きく二つある。そのうちの一つは周囲から付与されるもの

田島　障害に対して肯定的であったり否定的であったりというのも変わるのは自然なことであると。

渡邉　そうだけど、これはそもそも論ですが、障害に対して肯定的でないといけないのはおかしくないでしょうか？　先ほどから何回も言っていますが、進んでなりたい人はいないのですよ、原則的には。障害に対して肯定的になるとはどういうことでしょう。たとえば、この子は手がないけれど、手がないほうがいいっていう意味ですか？

田島　それは、手があるということを前提として、比較した場合に欠損しているということですから、たとえば、実際にそういった状態で生まれている人はそれがすべてなので、肯定も否定もなくて、手のある身体と同じように手のない身体を生きていると言えると思います。

渡邊　中途障害の人と先天性障害の人ではまた問題が随分違います。では、自分の子どもは最初から手がなく産まれてきた時、それを親が手のある子と比べるからいけないので、もともと手がないのだからそれを自然なのだと親が思えるでしょうか。そういうふうに言う人はいると思いますが、それをどのように感じて言っているのかは疑問です。障害については、親の育て方などの環境因よりも先天性が強いと言われ、親が楽になったと言われていますが、一方で遺伝因を言われると親はつらいです。父親の年齢が高いほど自閉症の発症率が高いことに最近はかなりのエビデンスが出ており、三男は私が四二歳の時の子どもですから。そうなると、結局この障害は自分の年齢が高かったからなのではないかとか、あるいは自分が持っている遺伝因が何か影響しているのではないかと考えます。そうすると、その障害はもともとの自然なものではないです。何らかの欠損に対して親に責任があるわけでしょう。だから、やはり親はわが子の手がないことに対し、それが自然なことだとそう簡単には思えないのではないでしょうか。子どもとのあいだではそれが自然になりうるけれど、そうは言えないのではないでしょうか。そこが親の苦しさです。なぜなら、その子どもの今のあり方に自分の責任があるかもしれないわけです。その時に、これは最初から自然なのだと言うのは自分の責任をないものとしているのかもしれないです。でも別にないものでもいいとは思いますが…。親に責任を問わなくてもいいとは思います。ほかの親に責任を問うつもりはないですが、やはり親としての自分は、そのことに責任を感じていたいような気持ちもありうると思うのです。子どもに対する自分の責任みたいなものを。

田島　しかし、あまりにもその子の人生や幸福、不幸までをも決めざるをえない選択を迫られる、障害受容という言葉を使って迫られることには重たさを感じていることは原稿にも書いていますね。

渡邊　そのこと自体は、自分が負っているいろいろな重荷のなかでは、それほど大きなものではないです。ただ、気に入らない度合いが大きいという意味です。たとえば、重荷が一〇〇あったら、そのうちの九〇くらいはその子の障害そのものの重荷で、障害受容で言われることは一〇くらいかもしれないのです。ですが、障害の九〇のほうに文句を言ってもしかたないでしょう。でも一〇のほうは文句言ったらなくなるかもしれないではないですか。だから文句を言いたいですよね。これだけ重荷を抱えているのに、他人にまで何か言われるのかと。それから、私自身は言われても平気だし、やはり専門家は強いです。私は他人から言われることはあまり気にしない。妻はもう少し気にしていると思います。私などは学者で大学の先生だから、私は私なりのやり方でやっていますなんて言っておけば大丈夫だし、支援者の人もこの人に言ってもしかたないなと思うけれど。しかし、やはり周囲を見ていると、そのことにすごく苦しめられている感じの人がいるのでそれは放っておけないです。ひとこと言いたくなるのです。

自分の子どもの障害を認められなくて、認めたらいいのか認めないほうがいいのかと苦しんでいる人はすごくかわいそうではないですか。

田島　**そういう迫り方をすることはおかしいですね。**

渡邊　その子どもに障害の疑いがあることだけで十分に追い詰められているのに、どうしてそんなに親がいじめられないといけないのかということなのです。しかもそのことで家族関係でも苦しんでいたりするわけです。そこにさらに要求するわけでしょう。これはあなたの責任だと。お母さんが決めるのですよと言って。端的に言ってかわいそうです。皆さんよく「寄り添う」という言葉を使うのですから、障害を受容できない状態に対して「寄り添う」ことはできないのでしょうか。

心理学者が行っている研究で障害受容度が数値化されているものがあります。このお母さんの障害受容度は一〇点満点のうち五点とか、この人は七・五で七以上なら大丈夫とか。こちらの人は六・五でこれを一点上げるにはどう介入が必要かと。

測定結果には常に序列化があるわけです。障害のある子どもを持つ親に序列がつけられて、この人はいちばん障害受容ができている人で、この人はいちばん障害受容ができていない人で駄目なお母さんとなってしまうわけです。心理学者はすぐそうなってしまうのです。人数を数えて並べたくなるのです。ですが障害当事者の障害受容の問題はそういう並べ方はできないですし、人の道としてしてはいけないと自然とみんな思ってきたところがある。ですから、たとえば片足欠損または両足欠損の方を二〇〇人調べました。その方々を障害受容できている順に並べたとしたらそれはいったい何をやっているのだとなるでしょう。しかし親についてだとそれほど批判を受けることはないのです。

☆ 大事なのは受容できない状態をどのようにサポートしていくか

田島 では、受容できない状態をどのようにサポートしていくかについて伺わせてください。

渡邉 それは難しいのですが、実際にケアそのものが親の許可なくはできないものが多いわけです。本当に許可が必要なのかをもちろん議論すべきです。たとえば、特別支援学級に行くことは親が同意しなければできません。療育に通うことも親が同意しなければできないです。もう少しカジュアルにそのようなケアが提供できると良いのではないかと思います。特別支援学級と一般学級の間のグラデーションがすごく少ないのです。現状では、通級するかしないか、通級の日数の選択しかできません。しかし通級するとしても、すでに本籍が特別支援学級にあるなら、やはりそれは親にとってはすごく重たい判断がそこに一回あることになります。ですから本籍が一般学級で特別支援学級に通級してもよいでしょう。この場合なら、親の承諾を得なくてもできる範囲は場合によればあるかもしれないですね。親の承諾を得るというのは親を尊重していることでもありますが、同時に追い詰めてもいるのです。

田島　**しかしお子さんの様子を見ながら親御さんは通う場所を決めたりしているのですよね。ここなら楽しくやっていけそうですとか、相性などを見ているのではないでしょうか。**

渡邉　ただそのクラスの名前は特別支援学級のものなのです。私の子どもはことり組でした。学校のなかではことり組という名前で通っていました。しかしことり組がどういうクラスかはほかの子どもたちはみんな知っています。このあいだも小学校五年生のうちの子どもがすごく怒って帰って来ました。聞くと四年生の子どもたちに「バカな子だと言われた」と言うのです。子どもたちもやはりそのように見ているのです。私の後輩が北海道の帯広と同じくらいの大きさの地方都市でフリースクールをやっており、特別支援学級に入るのではなくて、フリースクールに登校するということをやっていました。そういうかたちですとほかのクラスの子どもとのトラブルがないのですごく良かったみたいです。

ですから、そのような場へ行ったとしても登校したと認められるような選択肢があれば、また違うのです。そうしたことは都市の規模が大きくなるほど良くなります。おそらく、親の障害受容の問題にしても、東京や横浜などの都会と、帯広や岩見沢などの地方では違うと思います。田舎のほうが問題が大きくなるのではないかと思います。田舎は世間が狭いので偏見や差別の問題が生じやすいのかも知れません。そしてその地域にある差別や偏見を親も共有してしまうのです。その時、お母さんが子どもを特別支援学級へ入れたがらなかったりすると、お母さん自身に差別や偏見があるからだという話になります。するとまた批判されるのは親です。なぜそれほど親をいじめなければいけないのでしょうか。

☆ 進路が行きつ戻りつできると良い

田島　親の障害受容をめぐり、さまざまな問題点をご指摘くださいました。渡邊さんとしてはどのような状態であればベストなのかのイメージについてお話しいただけたらと思います。

渡邊　結論めいたことを言いますと、経過を見ながら変わっていけるようにして欲しいと思っています。田島さんも本に書かれています（田島追記：拙著）が、障害受容というのは一度完成したら終わるのではなくて、いろいろな文脈の変化によって変わっていきます。

　これは制度の問題になりますが、たとえば、中学校で知的障害のクラスに行ったとしても、その子の状態の変化しだいでは一般の高校へ行く道に戻れるようにして欲しいのです。子どもに発達障害や知的障害がある時の障害受容の問題として、障害というラベルを子どもに貼るかどうかがスタートになると思います。ゴールでもあるのかも知れません。それを貼り直せるといいですね。本来は貼り直せるはずだと思うのです。特に発達障害や知的障害であれば、変化があれば貼り直せるはずです。ですが、一般の人はそれをもう二度と消えない烙印だと思っています。そのことが悪いと思っているのではなくて、制度的にそうではないようにして欲しいのです。

☆ 受容を問題視する前に受容できないものは何かを考えてほしい

田島　そうしますと、柔軟性があり、行く場所にも選択肢があり、障害というラベルが貼り替えられるようであって欲しいと。

渡邊　小学校入学の時に特別支援学校に行くことを拒否する親御さんたちが、なぜ拒否するかと言えば、今うちの子どもを特別支援学校に入れてしまったら、もうこの子は一般の高校へ行き、大学へ行き、田舎ですから公務員になり、市役所で活躍するといった希望はなくなってしまうと考えるのだと思います。

ですから障害受容と言ったら聞こえは良いですが、親にとっての障害受容は、うちの子どもは「もうあの人生は生きられない、この人生も生きられない」ことを受け入れることになってしまうのです。あるいは、自分が受け入れるだけでなくて、周囲に対してそれを宣言することになってしまうのです。それは重いですよ。だから（田島追記：子どもの人生を決定づけてしまう選択を）できるだけ延期したいのです。

私の場合、一人くらい働かない子どもがいてもなんとか食べていけるだろうと、わりと安易に思えるような環境を与えてもらえていますが、誰もがそうではないです。特に地方では知的障害のある子どもが働いて暮らしていける収入を得ることはかなり難しいです。最近A型の就労支援*11が増えてきましたが、どの事業所もうまくいっているわけではありません。障害受容の問題は、障害者に対する福祉の全体の象徴だと思います。障害受容をできない親御さんが受容できないものは何かを考える必要があると思います。それを障害と言ってしまうのは簡単ですが、受容できない障害の中身は多岐にわたっており、それこそ自分自身の生活という場合もあるわけです。

子どもが成人したら、夫婦で悠々自適に旅行に行くという人生もなくなるわけでしょう。良くも悪くも、一生、子どもと一緒です。私たち夫婦は自然とそう考えました。将来年齢を経て旅行するなら妻と子どもの三人になります。それはそれで良いのですが、やはり諦めなければならない自分の将来もあります。そういうことにみんなが鈍感すぎるのではないでしょうか。だって学校は親の人生の面倒まで見てはくれないでしょう。

（注）

*11　A型の就労支援：就労継続支援A型。障害者が給料をもらいながら就労支援を受けられる施設。

☆「受容ができない」ということは、「支援が十分でない」ということ

田島　**障害受容できないということは、支援のネットワークや支援の制度のかたちが十分でないということだと思えてきました。**

渡邉　そうですよ、そこは本当にすごくはっきりしていて、障害受容が先にあるのではないのです。たとえば、同程度の発達障害の子どもがA町とB町にいて、A町では親御さんの障害受容を測定すると平均七・五だった、B町では平均六・八だったとします。そのような差があった時、これは何の差なのでしょうか。この結果から、普通、B町を偏見の強い町だとか言ってしまいかねないと思うのです。しかしそうではなくて、これは、B町のほうが、支援が整っていないということなのです。サービスの選択肢がないですとか、支援へのアプローチが遠いですとか。障害受容を原因と考えてはいけないと思います。結果です。だから「あなたは障害受容ができていないですよね」と言われたら「させてくれないのでしょう?」という話なのです。これを駄目な心理学者のように測定して、親のなかにある実体のように考えてしまうのは本当に良くないと思います。

☆　障害は社会が規定する側面も大きい

田島　障害受容というのはもう一つ、治って欲しいという親の願いとも捉えられると思うのですが、親からしてみると、その思いは消えることはないでしょうか。

渡邊　それは消えたらおかしいのではないでしょうか。親なら誰でも、良い学校へ行き、良い就職をし、良い家庭を築いて欲しいと常に期待し続けるものです。これは障害のある子どもの親という意味ではなく、どんな親でもそうだと思います。このことは親自身のためではなくて、子どもに幸せな人生を送って欲しいからです。

　障害のある子どもが目の前にいる時に、その子どもが幸せな人生を送る時に鍵《キー》になるのは、やはり一つは障害に付随する問題の軽減です。それを願ったら障害受容できていないというのは、やはりおかしいと思います。

　私自身の子どものころを考えると、九九が覚えられなかったのです。高校生になっても九九を覚えられなかったのです。今なら学習障害ですよ。でも、昔はそういう子どももクラスに適当に放っておいてもらえて、いろいろと怒られたり問題児だとか言われたりしながらも、少なくとも排除されないでいました。

　今は簡単に特別支援学級に入れてもらえるのは良いですが、それは排除です。ですから、私が今生まれるとすると、おそらく今の職には就けないです。社会のあり方が障害そのものを規定しているわけです。現在がコミュニケーション重視社会だから、コミュニケーション不足があると障害となる。九九ができないといけない社会だから、九九ができないと障害となるのでしょう。障害そのものは社会的に規定される部分が大きいので、社会が変わっていくことによって子どもの障害が軽減されるという面は持ちえますし、持つべきだと思います。

ですから、「障害を受け入れ、障害を肯定的に捉えよ」というのは、「諦めろ」と言われているとすごく感じます。諦めのつかない人が、障害受容ができていないのだと。人生、諦めたところからのスタートもあります。自分から諦めることを選ぶのは自由だと思いますが、「諦めないといけない」と言われても、と思います。

☆　知能や発達障害を補償することに抵抗のある世の中

田島　**諦める／諦めない、受容する／しないを度外視して、生活は時間とともに作っていかなければいけないので、何かしていかなければいけないですね。**

渡邉　ですから障害受容できていない障害を持つ当事者が不幸だとは限らないでしょう。

たとえばパラリンピックに出るというのもある種の障害の補償と思います。特に中途障害の人が多いと思うのですが、事故などで足を失い、義足にし、パラリンピックに出て賞を取るというのは、足のなくなった自分を、それよりももっと高度な技能を義足で伴って実現したことになります。

それは、足がなくなって運動機能が低下したことについて、その人が諦めなかったから実現したのだと思います。だから、その人は義足を身につけて生きることは受容しているけれども、自分の運動能力が他人より低くなることは受容していないわけです。

知的障害のある人のために、知能の義足が開発されたらどうでしょうか。知能の義足が開発され、頭にパコッとはめると頭が良くなる。ただ、健常者と比べると、ものすごく力を入れて手で機械をぐるぐる回さないといけない。それをやるとだいたい健常者と同じくらいの知能を実現できる機械が開発されたとして、そうしたらそれを一所懸命回すでしょう。それを回している人を指さして、あの人は障害受容できていないと言うのでしょうか。自分の能力の何かがないことを、ない状態のまま受け入れなければ障害受容していないというのであれば、その機械を回している人は障害受容していないのですよね。

パラリンピックで頑張ることについて障害受容していないと誰も言わないのに、なぜ知能では言われるのかということは気になっています。

田島　そうですね。それは私も本当に思います。身体の障害は何かで補償することに、世の中で違和感なく進むと思います。しかし、知能や発達障害に関する共感性などもそうだと思うのですが、それを補うことに関しては、世の中はすごく抵抗感を持っているように思います。

渡邊　そうですよ。だから今言いました機械など作ったらものすごく批判されると思うのですよ。

田島　なぜでしょうか。

渡邊　おかしいでしょう。均等でないのですよ。だから知的や精神の障害に対する偏見なのです。これはすごくはっきりしていて、頭さえしっかりしていれば、手がなくても足がなくても車いすでも生きていく道はすごくあるのです。障害者雇用を義務づけた[*12]ところで、企業はそういう人しか選ばないです。いちばん人気があるのは内部障害の人だそうです。接客もできますので。一方で、知的や精神の障害者は最初から対象にならないのです。もちろん面接程度はしてくれると思いますが、すごくはっきりした差があります。

それこそ、知的や精神や発達のパラリンピックはないと言うと、パラリンピックをやっている人たちは、「そういう障害の人たちは普通のオリンピックに出られるでしょう」と言います。体はまともなのだから。実際は出られないです。列に並べないのだから。次は誰と言われてそこへ行けないのだから。ここで待っているように言われて待っていられないのだから。出られるはずないです。ただし、一部のオリンピックのメダリストで、高機能の発達障害の人がいました。しかし、そういう人を取り上げて、「普通のオリンピックに出られるから良いじゃん」と言うとしたら、調子が良いことを言っていると思います。知的障害があったら出られません。

障害者のあいだにも分断があるのです。中途の身体障害とか、聴覚障害、視覚障害の人は、自分の障害の意味を肯定的に捉え直し、積極的に生きていくこともできるでしょう。しかし、知的障害や精神障害ですと、それが難しいのです。

（注）

＊12　障害者雇用を義務づけた：障害者雇用促進法によって企業は雇用する労働者の二パーセントに相当する障害者を雇用することが義務づけされている。

☆ 障害のラベルにではなく、個別の技能や行為についてサービスが提供されると良い

田島　行為を支えるサポートのしかたについて教えてください。

渡邊　やはり、ラベルを貼られないで自然に進んでいくようにできないかと思います。

田島　先ほど、親の願いのお話が出たと思うのですが、子どもの歩む幸せな道程についてのイメージがあるとのことでしたが、結果的にその道ではなかったとしても良いのでしょうか。

渡邊　そうです。どんな親でも、列に並べない子どもが列に並べるようになることや、靴下が履けない子どもが履けるようになることを、価値の置き方によってはもの足りないと思うことはあるにしても、悪いとは思わないです。だからその時に、列に並べない子どもが並べるようになるために、「自分の子どもを発達障害と認めてください」と求める必要はあるのかなとは思います。

ラベル貼りを受け入れなくても、個別の行動のなかで改善できていくことがあれば、親も子も対処がすごく楽になります。ですから、発達障害の子どものための訓練ではなく、列に並べない子どものための訓練、他の子どもに合わせられない子どもが他の子どもに合

わせるための訓練、と障害ではなく行動に着目できると良いと思います。「あなたの子どもは自閉症です」ではなく、「列に並べないから練習しませんか」と言えば良いと思います。スイミングスクールなどはそうなっています。スイミングスクールも最近は子どもが減ってきたので積極的に障害のある子どもも受け入れるようになってお り、うちの子が行っている帯広のスイミングスクールでもそうです。何が良いかというと、「あなたのお子さんは障害があるから」と言わず、「顔がつけられないからつけられるようになる個別指導をしましょう」とおっしゃるところです。そこでは個別の技能についてのケアが提供されるので良いのです。そういうふうになっていると良いと思います。

できないことに焦点化するのであれば、具体的なできないテーマでケアすれば良いと思います。ただ今の福祉の制度では、療育手帳や受給者証がないとサービスを全額実費で支払わなければいけない状況です。これについても、発達障害というラベルに福祉の網がかかるのが今の仕組みです。そうではなくて、列に並べないことに対して福祉の網がかかると良いと思います。ほかのことはともかく、列に並べない子どものケアに公的な支援ができたりすると、障害受容は随分楽になると思います。

田島　貼られたラベルを受け入れないとケアを受け入れられないのではなく、ラベルに関係なく個別の課題に向き合ってくれるようなサービスがあると良いということでしょう

か。

渡邉　そうです。高機能自閉症*13などと言うのは考えてみればおかしい話で、高機能自閉症の子どもに高機能自閉症というラベルを貼る必要があるのは福祉の論理です。しかしその子どもは学校の勉強はできるのです。学校の勉強ができる子どもに高機能自閉症というラベルを貼る必要は何もないです。問題となっているのは、できない部分であり、単に友達と上手に話ができないとか、忘れ物が多いなどです。そのような個別の行動の課題を解決していくようにすれば、親も受け入れやすいと思います。

また、そのような支援を受け入れるには特別支援に行かないと駄目と言われるので、では特別支援に行こうと思える親もいれば、たかが忘れ物をするくらいのことで、子どもに障害者というラベルを貼られて良いのかと思う親もいるわけです。特に高機能自閉症などの場合は、そこで起きているトラブルはある意味つまらないトラブルなのです。

原稿に書きましたが、発達障害は一緒に暮らしていると障害をあまり感じないのです。なぜなら、コミュニケーションと言っても子どもとは話し始める前から一緒にいるわけです。言語の発達が遅れていると言っても、よほど重度障害でない限り、たいてい親子のコミュニケーションは取れているのです。障害が前面化してくるのは、就学前診断や、何かの形でほかの子どもと比べられた時です。療育に行くと、うちの子どもは障害が軽いと思っていたのに、いちばん話さないと言われてびっくりするのです。だからうちの子どもよりよほど話し、コミュニケーションできる子どもも知的障害の療育手帳をもらっているわけです。もし兄弟もいなくて、ほかの子どもと触れ合うこともなかったら、親はうちの子どもは普通だとずっと思っているかもしれません。

（注）

＊13 高機能自閉症：自閉症スペクトラム障害のうち、知的な遅れはない、あるいは小さいが自閉症的な特徴のあるものをいう。

インタビューを終えて──まとめにかえて

冒頭で述べたとおり、障害の引き受け方は個別的で唯一なものであるにしても、渡邊氏とのインタビューを終え、「障害受容」についての批判ポイントは各執筆者の論考における主張のなかで多くが重なっていると感じた。したがって、インタビューのまとめとともに本書のまとめを同時に行っていくことにしたい。

その前に、きわめて重要なことと思われるので、各論考における立場性の異なりについて確認をしておく。

まず、渡邊氏は親・支援者（心理学者）の立場であり、村上氏の論考は家族の立場をとらえた論考である。岩井氏、まさき氏、渡氏は当事者の立場から執筆している。川口氏の論考は、ALS当事者を中心にし、家族や支援者がどのような支援を行っていくと良いかについて書かれてあり、中西氏については自らの経験値に引き付けながらも支援者（作業療法士）の立場から執筆している。

自身に障害があるか否かで言うなら、岩井氏、まさき氏、渡氏は当事者であるが、渡邊氏、村上氏、川口氏、中西氏はそうではない。

「障害受容」をめぐる立場の違い

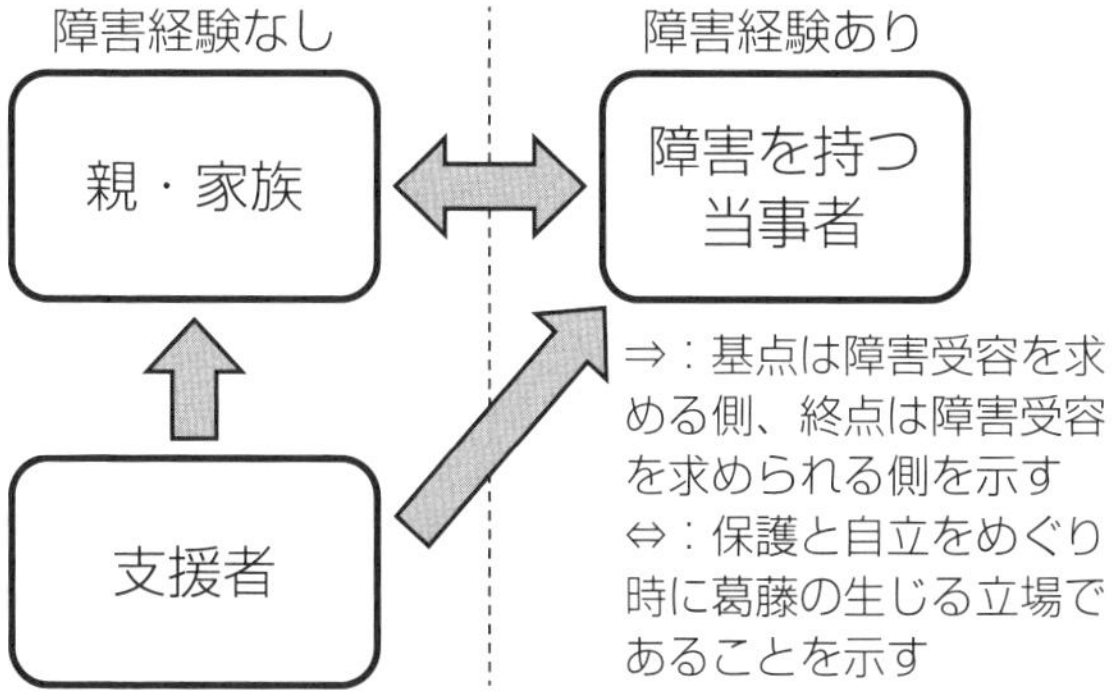

しかし、「障害受容」を自分事として考えたり他者から求められたりしたか否かとして見るなら、渡邊氏、川口氏は、親や家族の立場として、それを求められた経験は多かれ少なかれあると言える。

つまり、それを確認するだけでも、「障害受容」を主体的に考える・求められる側／支援する・求める側、その性質の異なりによって、本書のテーマである「障害受容について／から考える」ことが輻輳的であることがわかる。

ひとまずそれを簡略的に図式化してみたのが上図である。

この図式をもとに順番に確認をしていこう。

① 当事者にとっての「障害受容」

岩井氏、川口氏、まさき氏、渡氏の論考から読み解いていくことができる

岩井氏は、自身がギラン・バレー患者となり、リハビリ施設や生活訓練施設でさまざまな専門職と接触してきたが、そのなかで自身の「障害受容」をめぐり、人格や職業人としての資質を否定されるような侮蔑的な言葉を投げかけられている。専門医からは回復に期待を寄せ続けることは研究者としての資質をうたがわせる恥ずかしいことであるかのように言われ、福祉職スタッフからは障害受容しないことがあたかも障害者差別であるかのように言われている。しかし患者コミュニティとの出会いから、「自分で納得したのでなければ受け入れないほうがいい」という結論に至る。人の可能性は医学の限界をはるかに上回っていることを専門職者は謙虚に受け止めるべきだと考えさせられるし、支援に必要なものは何かを改めて考えさせられる論考であった。

川口氏の論考はＡＬＳ患者が生きるための支援の様相から「受容」について再考を迫る論考となっている。ＡＬＳは全身の運動神経が選択的に侵される難病であり、不動になり人工呼吸器の選択が必要な段階では、自らの生か死か、二四時間介護を受けるか（これまでその多くを家族が担うことを当然視されてきた）の選択を迫られることになる。自らが生き続けようとするなら、誰かに介護の負担を強いることになるので、大変重い選択を引

き受けざるを得ない。そうしたなか、事前に人工呼吸器を装着しないという意思決定が、「（死を）受容」していると評価される場面もあると言う。しかしながら本人はそうした周囲からの期待を察知し、葛藤し苦しんでいるのが本音であるとも言う。こうした状況下において、支援者がむしろ気をつけるべきことは、患者の自己決定を尊重しているつもりが「受容」を押し付けていないか、病を生きながら生か死かの重苦しい選択を本人に迫らないよう、生きていくために必要な選択肢を増やすことではないかと論じていた。

まさき氏は、「障害受容について／から考える研究会」での経験による自身の障害との関わりについての変化について書いている。具体的な行為としては、自身の障害経験を「語ること」、他者の障害経験を「聴くこと」であった。そうした行為のなかで、生々しく途方もない感覚にあった障害経験に言葉・意味が与えられ、過去の経験として繊細に俯瞰できるようなったと言う。とはいえ、時に思いどおりにならない身体に気づかされる時もあるし、障害経験を語ろうと思うと耐え難い痛みが訪れることもある。「きれいにすべてを受け入れることなどできないようになっているのだな」と締めくくっている。

渡氏は、癌を患い、癌の手術は成功したが、その後、排便と排尿のためのストーマを増設し、生活を行うようになった。育ちざかりのお子さんを抱えながらの出来事である。渡氏は「受容」は自分にとって必要なことだったと言う。受け入れることが生きる術だったのである。しかし常に前向きな気持ちでいることはできない。その時々の自分の気持ちに正直であれさえすればいいのではないかと言う。だから「受容」の過程やゴールが言われる時、当事者不在を思わざるを得ないとする。最後に『「障害者」や「障害受容」などの言葉が必要のない社会、障害があってもなくても誰もが手を携えて歩んでいける社会になることを願ってやまない』（六八頁）と締めくくっている。

四氏の論考に共通のこととして、「受容」など完全に行えるはずがないこと、「受容」を支援者側から押し付けられることのつらさや苦しさ、支援者の論理で「受容」が求められる際に生じる侮蔑的であったり、死の選択の奨励であったりするような、当事者の存在を否定するような対応に対する拒否的姿勢である。

②親・家族にとっての「障害受容」

渡邊氏の障害を持つ親としての主張は、寄稿もインタビューも一貫していると思われる。つまり支援者が親に対して「障害受容（できていない）」と言う時、支援を受け取ろうとしない親が問題視されるが、むしろ現状の支援内容の貧しさや、周囲や社会にある障害に対する負の烙印、将来の見通しについての閉塞感など、親にとってみれば「受容」し難い複雑な文脈があることにもっと繊細に意識を向ける必要があるという主張である。「受容」という言葉によって親にのしかかるさまざまなつらさや負担感は、その言葉を安易に用いる支援者からは想像を絶するものなのである。

だから支援者には、「受容」を言いたくなる時、むしろ「受容」できない支援の不十分さに目を向けて欲しいという。そして、すべての責任を親に負わせるのではない仕組みが作られることで、親のつらさや負担感のいくぶんかは軽減されることを指摘する。

具体的には、現在、障害認定を受け、障害手帳を取得後にサービス提供が得られる手続きとなっているが、そうではなく、たとえば「靴下をはく」「朝きちんと起きられる」といったその子どもにとって日常的に課題となる個別の技能や行為に対して助言や指導などのサービスが提供されると良いというアイデアや、進路についても、特殊教育を選択したら一般の学校に行けない、というような硬直した進路ではなく、行きつ戻りつできる柔軟な進路選択ができると良いというアイデアが出されている。

村上氏は、論考のなかで、妹が重度の障害を持つ看護師F氏の語りを通し、Fさんにとって「受容」とは、「心理の問題ではなく行為のスタイルの問題」と言っている。具体的には、Fさんは看護師としての技術を身に付ける過程で、妹や母親の視点を自分のものとすることで、妹の障害を受容し、看護師としての主体化に成功した。それにより、妹を支援する家族からの疎外的状況にいた自分の位置を組み替え、初めて妹を支援するネットワークの一員として自分を位置づけることができたのだった。この結果からネットワークからはずれ、孤立した状態にある時には誰でも、疎外からの「受容」を突き付けられ得るとしている。つまり、障害当事者の視点の獲得、支援ネットワークの形成とそのなかに位置を持つことが家族の受容に関係していると論考を締めくくった。

この『「受容」は「心理の問題ではなく行為のスタイルの問題」』は、渡邊氏も同様に捉えており、インタビューのなかでは、「受容」は日々のケアが行われるなかでゆっくりと進行するものであり、何かの作業を一緒にやるなかでなされていくものだとしている。だから「来てみてね」「とりあえず行ってみてね」という誘い方は上手なやり方なのだという。

まとめるなら、「障害受容」が支援者など外部から求められることは苦痛以外の何ものでもないこと、また、「受容」と言おうか、気持ちが少しでも楽なほうへ向かうための着眼点として「心」ではなく「行為」に視点をずらし、孤立した状態から支援ネットワークに向かえるようになることが一つのポイントではないかということである。

③　支援者にとっての「障害受容」

中西氏は、自身の新米作業療法士の時の経験と、担当クライエントとのやりとりから

「障害受容」についての論考を繰り広げている。そして「障害受容」を迫ることとは、障害やできなさの可視化と、それに基づいた生き方の決定までもが含まれるとしている。しかしむしろ、周囲はそのような可視化を求めるのではなく、対話や寄り添い、支援を通じて本人の新たな可能性を共に考えていくことのほうが適切な関わりであり、その過程のなかで障害やできなさの理解は、自分自身の経験とともにゆっくりと自らの経験のなかで行われていくものではないかとしている。中西氏の指摘は、岩井氏、渡氏、村上氏らの論考にも関係すると思われるが、「障害受容」の本質的な問題が「障害」を否定的に捉える関係性から生じる「孤立化」であり、「障害受容」を行為レベルで捉えるなら「支援ネットワーク」のなかで新たな可能性を共に考えていくことのできる対話（者の存在）によって、「障害」は突きつけられる問題ではなく、自己の経験として生きるものとなることを示している。

最後に本書のまとめとして「障害受容」について次の四つを提言し、本書を終えることにする。

一、完全に「障害受容」することなどできない。

二、専門家・支援者は「障害受容」は対象者に絶対に押し付けるな！

三、専門家・支援者は「障害受容」を求めるのではなく、サービスの選択肢の少なさや障害に対する負の烙印を問題視すべきである。

四、「障害受容できていない」と思わせる人は「孤立した状態にいる」と捉え、行為レベルで一歩でも踏み出し、その人にとって希望の感じられる仲間（もちろん自分がなってても良い）やその人にとっての目前の課題をクリアできる支援につながるよう働きかけよう。

あとがき

障害受容について／考える研究会を始めたのが二〇一二年八月であるから、かれこれ三年が経過した。これまでの研究会の成果をこうして書籍にして出版できたことがとても嬉しい。研究会メンバーとともに作れたことが何よりの喜びだ。

川口有美子氏、村上靖彦氏、渡邊芳之氏には心から感謝を申し上げたい。三名とも大変お忙しい身でありながら、執筆を快諾くださり、そして素晴らしい論考を寄せてくださった。渡邊芳之氏はさらにインタビューにも応じていただき、障害を持つ親の心情や「障害受容」を基点とした現状の問題点・課題について非常に率直にお話しをくださった。今後の障害児教育のあり方に一石を投じる貴重な内容となっている。本当にありがとうございました。

本書を読みとおし、「障害受容」という言葉の紋切型の使用法に対抗していくために、その内実をより豊かに饒舌にしていくために、一人ひとりが、経験を振り返り、気持ちに言葉を乗せていく作業が大事であることをあらためて思った。この作業は個別的で唯一のものである。誰かが代わりに行うことはできない。

最後に、出版を快諾してくださり、そして完成まで辛抱強くお付き合いくださった株式会社シービーアールの三輪敏社長に心から御礼申し上げたい。三輪氏の良い本を残したいという出版を生業とするものの純粋な魂に身を委ね自由に泳がせてもらいながら本書の出版に至ったように思う。本当にありがとうございました。

二〇一五年八月吉日

田島明子

編者プロフィール

田島　明子（たじま　あきこ）

作業療法士。聖隷クリストファー大学リハビリテーション学部、同大学院リハビリテーション科学研究科。立命館大学大学院先端総合学術研究科一貫制博士課程修了（学術博士）。

テキストデータ引換券
障害受容からの自由
—あなたのあるがままに

★御希望の方に本書のテキストデータを提供します。
障害などの理由により本書をお読みになれない方に電子データ（TEXT）を提供いたします。
・200円切手
・返信用封筒（住所明記）
・左のテキストデータ引換券（コピー不可）を同封のうえ、下記までお申し込みください.
［宛先］
〒113-0033 東京都文京区本郷3-32-6 ハイヴ本郷3F
（株）シービーアール販売部

障害受容からの自由—あなたのあるがままに

2015年10月30日　第1版第1刷
2019年3月15日　第1版第2刷©

編　　者　田島明子
発 行 人　三輪　敏
発 行 所　株式会社シービーアール
東京都文京区本郷3-32-6　〒113-0033
☎（03）5840-7561（代）Fax（03）3816-5630
E-mail/sales-info@cbr-pub.com
ISBN 978-4-908083-07-5　C3047
定価は裏表紙に表示
印刷製本　三報社印刷株式会社